卓越幼师培养系列教材·新型活页式

U0656191

幼儿教师专业技能
综合实践

主　编　刘小林　商传辉
副主编　陈洪秋

电子工业出版社·
Publishing House of Electronics Industry
北京·BEIJING

内容简介

学前教育专业学生开展入园实践活动，旨在通过观察、参与、研究具体实践项目，培养和构建系统化的幼儿教师专业技能。本书围绕幼儿园工作的初步观察、幼儿园一日生活的初步组织、幼儿园各类教育活动的设计与试教、幼儿园班级管理与家园共育、幼儿园教研工作5项专题，共设计了60个实践任务，形成了完整的、系统化的卓越幼师综合实践内容体系。

本书可作为学前教育专业及相关专业的教材，也是广大幼儿教师的有益读本。

图书在版编目（CIP）数据

幼儿教师专业技能综合实践／刘小林，商传辉主编．
-- 北京：电子工业出版社，2022.6
ISBN 978-7-121-43569-0

Ⅰ．①幼… Ⅱ．①刘… ②商… Ⅲ．①幼教人员－师
资培养－高等职业教育－教材 Ⅳ．① G615

中国版本图书馆 CIP 数据核字（2022）第 092822 号

责任编辑：朱怀永　　　　特约编辑：付　晶
印　　刷：天津画中画印刷有限公司
装　　订：天津画中画印刷有限公司
出版发行：电子工业出版社
　　　　　北京市海淀区万寿路 173 信箱　　邮编　100036
开　　本：787×1092　1/16　印张：15.25　字数：387.2 千字
版　　次：2022 年 6 月第 1 版
印　　次：2022 年 6 月第 1 次印刷
定　　价：56.80 元

凡所购买电子工业出版社图书有缺损问题，请向购买书店调换。若书店售缺，请与本社发行部联系，联系及邮购电话：（010）88254888，88258888。

质量投诉请发邮件至 zlts@phei.com.cn，盗版侵权举报请发邮件至 dbqq@phei.com.cn。

本书咨询联系方式：（010）88254608，zhy@phei.com.cn。

卓越幼师培养系列教材编委会

P 总序
Preface

　　当前，学前教育专业的改革任重道远。如何培养新时代"实践智慧型"幼儿园教师是我们共同面临的课题，解题的关键在于从教师、教材、教学的改革入手，实现"理实结合"，提高教育的针对性、职业性、实用性。坚持"以学生为中心，以成果为导向"的教改理念，改造传统的以学科内容逻辑结构为核心的课程体系，贯彻以解决幼儿园实际问题为核心，以跨学科思维和培养学生分析问题、解决问题能力为组织课程的主要线索及建构课程的原则，应是学前教育专业教材建设的着力点。

　　本系列教材力求打破学前教育专业传统教材普遍存在的学科体系浓厚的特征，在遵循职业教育教学规律与专业人才成长规律的基础上，结合先进职业教育理念，探索以学生为中心来设计教材。为凸显实用性与实践性，本系列教材以幼儿园教师具体的职业岗位为依据、以岗位核心能力为标准、以幼儿园典型工作任务为载体组织内容，按照"岗位工作领域—工作流程—岗位技能要求—知识点与技能点"的思路开发，通过任务、情境等将知识与技能相结合，并配有丰富的信息化课程资源与拓展性活动作为辅助。此外，本系列教材凸显全面融入师德养成、岗课赛证融通、课程思政元素，以模块化结构、任务驱动形式体现卓越幼师人才培养等特色。

　　本系列教材也是当前学前教育专业新型活页式教材的典型代表之一。"师范百年"的发展已经将教师教育属性和学前教育属性充分渗透在学前教育专业的培养之中，但作为职业教育的一种，其职业教育属性的特征亟待探索和实践。建设职业教育新形态教材是职业教育类型教育特征的内在要求，本系列教材充分挖掘职业教育新型活页式教材的内涵和特征，无论是编写团队，还是体例、结构、内容，都体现出紧紧围绕学前教育专业的人才培养目标、以教材内容为中心、与教师和教法改革同向同行、组建多元协同创新的建设团队的特点。

洪秀敏

2022年4月

P 前言
Preface

　　对于幼儿教师，如何判断其是否获得专业技能，对照在校学习成果，验证职业前进方向，明确专业发展目标，是未来职业发展是否顺畅的核心影响因素。以往幼儿教师的培养主要侧重对学前教育专业理论知识的学习，对于入园实践仅是一个形式，学生缺少对幼儿及幼儿园的真实认识，也缺乏对幼儿教师实际工作内容与实践的认识。学前教育专业学生的实践应从入学开始就体现目的性、情境性和反思性。目的性是实践的方向；情境性是在幼儿园真实、复杂、多变的环境中，学习不同情境的教育方法和策略；反思性是专业发展的关键，需学会反思，建立成长型和批判型思维，履行职责，积极钻研，发展实践智慧。

　　目前，学前教育专业新型活页式教材相对缺乏，现有的教材难以满足学前教育专业的人才培养需要。本书是在国家大力推动职业教育发展的大背景下研发的，符合职业教育教改精神和学前教育专业的根本需要。因此，希望本书能够帮助学前教育专业的学生找到掌握幼儿教师专业技能整体建构的路径。

　　本书共由五个模块构成，重点突出观察、协助、试教、沟通、教研五个层级的螺旋式递进发展，涵盖了学前教育专业学生入园实践的各个方面。通过这些专业内容的学习和训练，使学前教育专业的学生能真正掌握幼儿教育的各项知识与技能，并能在实践中灵活运用，为成为一名优秀的幼儿教师做好充分的职前准备。

　　本书结合先进的学前教育理论，将岗位能力教育始终贯穿在教学内容和教学设计中，并将学前教育专业的能力目标和工作任务转化为真实的幼儿园环境，以"实践总体指引"导入、以实际工作环境和岗位工作任务为载体设计教学内容。本书内容涵盖幼儿教师日常工作所必备的各项专业知识和工作技能，突出了高等职业教育的特色，强调实操性和理论化的高度融合侧重理论联系实践，围绕实践内容和实践任务，完成实践工作表单，并进行实践反思评价。本书还设置了"幼儿个案观察"版块，并由浅入深地设计了60个观察侧重点，学前教育专业学生每学期固定观察实践班级的两位幼儿，追踪幼儿的成长过程，记录幼儿成长的点点滴滴，从而实现对学前教育专业学生正确儿童观、教育观、教师观的培养。本书将幼儿个案观察对象记录表汇总后打包，可通过扫描下面二维码进行下载，以方便学习者在学习和实践中使用。

本书为高等职业教育学前教育专业系列教材之一，由济南幼儿师范高等专科学校和咸阳职业技术学院学前教育专业骨干教师、卓越云师（北京）教育技术有限公司专家共同合作开发的课证融合新型活页式教材。本书的编写主要由11位老师负责，刘小林担任组长，负责统筹全书内容、体例及编写分工。具体编写分工如下：商传辉负责编写模块一任务一至任务六，陈洪秋负责编写模块一的任务七至任务十二；田玥负责编写模块二的任务一至任务六；张秋悦负责编写模块二任务七至任务十二；周娜负责编写模块三的任务一至任务六，朱海娟负责编写模块三任务七至任务十二；伍丽娜负责编写模块四的任务一至任务六，郑海燕负责编写模块四任务七至任务十二；王娜负责编写模块五的任务一至任务六，张敏丽负责编写模块五任务七至任务十二。感谢各参与单位的鼎力支持和各位老师的通力合作！同时，本书在编写过程中除参考了一线幼儿园教师的实际教案外，还参考了多所幼儿园的制度和规章，在此对咸阳市实验幼儿园、秦汉新城实验幼儿园、西咸新区沣东新城第四幼儿园、小天鹅教育集团、西咸新区沣东新城智慧堡金河湾幼儿园表示衷心的感谢！

由于编者水平有限，本书难免存在不足之处，敬请广大读者多提宝贵意见，以便今后进一步的修改和完善。

编者

2022年3月

幼儿个案观察对象记录表

C目录
Contents

模块三　幼儿园各类教育活动的设计与试教

模块一　幼儿园工作的初步观察

一、实践目标

（1）全面了解并熟悉幼儿园保育、教育工作的基本内容和特点，加深对保教工作及其重要性的认识。

（2）接触并了解幼儿，逐步形成尊重、关心幼儿的观念，树立科学的学前教育理念，增强对幼教事业的认同感和责任感。

（3）将所学的学前教育理论知识和技能综合运用于幼儿园保教工作实践，在实践中检验、巩固、提高、丰富所学理论知识和技能。

（4）熟悉幼儿园教师日常工作内容，初步了解幼儿园一日生活的各项常规活动，初步培养学生的幼教工作能力。

二、实践内容

（1）了解幼儿园的岗位设置及对应的岗位职责。

（2）了解幼儿在园一日生活流程。

（3）熟悉幼儿园日常工作内容，明确各岗位教师的工作要求。

（4）观察幼儿园安全工作实施情况，并初步了解幼儿园突发事件的处理方法及技巧。

（5）了解幼儿园卫生保健的工作内容，积极协助班级教师做好班级卫生保健工作。

（6）了解幼儿生活活动情况，积极协助班级教师组织好幼儿生活活动。

（7）了解幼儿园教育教学活动的组织与实施。

（8）了解幼儿园区域活动情况，初步掌握指导幼儿开展区域活动的方法和技巧。

（9）了解幼儿园户外活动情况，初步掌握指导幼儿开展户外活动的方法和技巧。

（10）了解幼儿园家长工作的开展情况，初步了解与家长沟通的方法和技巧。

幼儿个案观察小档案

亲爱的同学们，我们的实践学习已经开始了，为了提升同学们的实践学习效果，请每位同学在实践过程中选定两名幼儿作为特定个案观察对象并完成相应的观察任务，认真填写每周对应的个案观察记录表。

提示：请将个案观察对象的基本情况在两周内了解清楚并填写表1-1和表1-2。每周入园实践结束时，请完成对应的观察记录。

表 1-1 个案观察对象——幼儿 1

个案观察对象——幼儿1	
幼儿园名称：	照片
班级名称：	
幼儿姓名： 幼儿性别：	
幼儿年龄： 幼儿生日：	
幼儿家庭情况： 兄弟姐妹： 有 无 主要抚养人：	
选择她（他）的原因：	
备注：	

表 1-2　个案观察对象——幼儿 2

个案观察对象——幼儿2		
幼儿园名称：		照 片
班级名称：		
幼儿姓名：	幼儿性别：	
幼儿年龄：	幼儿生日：	
幼儿家庭情况： 兄弟姐妹：　有　无 主要抚养人：		
选择她（他）的原因：		
备注：		

★ 任务一　初识幼儿园

本任务课件

1.实践总体要求

（1）实践指引

幼儿园的任务是，贯彻国家的教育方针，按照保育与教育相结合的原则，遵循幼儿身心发展的特点和规律，实施德、智、体、美等全面发展的教育，促进幼儿身心健康与和谐发展。同时，幼儿园要为全体幼儿家长提供科学的育儿指导。从教育内容来说，幼儿园的教育内容具有全面性、生活性、启蒙性的特点，可以相对划分为健康、语言、社会、科学、艺术五个大的领域，并且各领域的内容相互渗透，从不同的角度促进幼儿情感、态度、能力、知识、技能等方面的发展，为幼儿的健康成长提供专业化的支持。另外，幼儿园的正常有序运转离不开幼儿园各个部门和各个岗位人员的通力配合。对于学前教育专业的学生而言，通过实践教学真正走进幼儿园，去认识真实的幼儿园是十分有必要和有意义的。

（2）实践目的

① 通过实践对幼儿园建立清晰的整体认知。

② 初步了解幼儿园的部门和岗位设置及对应的职能与职责。

③ 了解幼儿园班级各年龄段及公共活动区的设置。

（3）实践内容

初识幼儿园的实践内容、实践目标和要求见表1-3。

表 1-3　初识幼儿园的实践内容、实践目标和要求

序号	实践内容	实践目标和要求
1	幼儿园部门设置	了解幼儿园的组织架构并对幼儿园各职能部门有初步认识
2	幼儿园岗位设置	对幼儿园各岗位有初步了解，并掌握幼儿园各岗位的基本工作职责
3	幼儿园公共活动区设置	了解幼儿园功能室的设置与功能，并知道其与班级活动区域的区别
4	幼儿园班级设置	了解幼儿园班级各年龄段的设置并熟悉实践班级的各项情况

2.实践记录

初识幼儿园实践记录表见表1-4。

初识幼儿园

表1-4 初识幼儿园实践记录表

	部门设置	教学部	（　　　）组 / （　　　）组 / （　　　）组 / 大班组 ── 在册幼儿（　　　）名，共有（　　　）个教学班级
		后勤部	（　　　）组 / 保健组 / 安保组 / （　　　）组
（　　）幼儿园	实践班级情况	班级名称（　　　　）	
		幼儿人数（　　　）名	男孩（　　　）名 / 女孩（　　　）名
		教师人数（　　　）名	（　　　）教师 / （　　　）教师 / （　　　）教师
	公共活动区设置	常见公共活动区	美工室 / （　　　） / （　　　） / 多功能室 / （　　　） / （　　　）
		特色功能活动室	（　　　） / （　　　） / （　　　）
	岗位设置	（　　　）园长	（　　　）组长 / 主班教师 / （　　　）教师 ── 本园在册教职工（　　　）名
		（　　　）园长	保育员 / 厨师长 ──（　　　）/（　　　）/杂工 / 保安 / （　　　）出纳

幼儿1第一周个案观察记录表见表1–5。

表 1–5　第一周个案观察记录表

观察记录		
幼儿姓名：	时间：	地点：

第一周	幼儿的爱好：
	我的感受：

✿ 任务二 幼儿一日生活流程的观察

本任务课件

1.实践总体要求

（1）实践指引

中国教育家陶行知先生在多年的教育实践探索中创造了具有中国特色的"生活教育理论"。对幼儿园教育来说，这一理论具有重要的指导意义。幼儿园的一日生活是幼儿教育的重要载体，我们要利用幼儿园一日生活的各个环节完成对幼儿各个方面的教育。幼儿园的一日生活包括入园、进餐、集体教学活动、区域活动、午睡、户外活动、离园等环节。幼儿身心发展的特点和规律决定了幼儿教育必须是寓教育于一日生活之中，必须是一种保教并重的教育。幼儿一日生活的每个环节都具有独特的教育价值，幼儿教育应该基于幼儿的一日现实生活来进行，应充分挖掘一日生活中的各种教育资源，这要求我们一定要把教育与幼儿的一日生活紧密结合起来。对于幼儿来说，教育应该是一种生活化、游戏化的教育，一日生活即课程，一日生活即教育。

（2）实践目的

①了解幼儿园一日生活的流程。

②熟悉幼儿园一日生活各环节的内容及要求。

③理解幼儿园一日生活的教育价值。

（3）实践内容

幼儿一日生活流程观察的实践内容、实践目标和要求见表1-6。

表1-6 幼儿一日生活流程观察的实践内容、实践目标和要求

序号	实践内容	实践目标和要求
1	生活活动安排	了解幼儿园生活活动的内容及对应的组织流程
2	教育活动安排	了解幼儿园教育活动的内容及实施过程
3	户外活动安排	了解幼儿园户外活动的内容及组织流程
4	区域活动安排	了解幼儿园区域活动的基本组织流程

2.实践记录

幼儿一日生活流程的观察实践记录表见表1-7。

幼儿园一日活动行
为细则（试行）

表 1-7　幼儿一日生活流程的观察实践记录表

班级名称：　　　幼儿人数：　　　班级教师：　　　备注：

入园
- 时间：
- 入园配合保健医生：
- 进班：
- 晨间活动：

早餐
- 时间：
- 餐前准备：
- 餐后整理：

饮水
- 每天集体饮水次数：（　）
- 供水方式：直饮机、饮水机、加热桶（　）
- 水杯消毒方式：（　）

盥洗
- 班级洗手儿歌：
- 幼儿洗完手擦手方式：（　）
- 擦手毛巾消毒方式：（　）

教育活动
- 时间：
- 活动主题：
- 活动领域：健康、语言、社会、科学、艺术
- 活动组织教师：

幼儿一日生活流程

户外活动
- 时间：
- 活动名称：

午餐
- 时间：
- 餐品：
- 餐后整理情况：

午睡
- 时间：
- 看护教师：

午点
- 时间：
- 餐品：

晚餐
- 时间：
- 餐品：

离园
- 时间：
- 离园准备：

区域活动
- 时间：
- 区域名称：

★ 任务三　幼儿园主班教师一日工作的观察

本任务课件

1.实践总体要求

（1）实践指引

主班教师是落实班级管理工作的核心人物，在班级管理工作中有着至关重要的作用。主班教师的班级管理能力关系到班级中每位幼儿的成长。幼儿园主班教师的岗位职责涵盖了班级管理、教育教学、活动组织、家长工作等方面，要全面主持本班工作，领导班级保教人员履行职责。主班教师应认真落实《幼儿园教育指导纲要（试行）》，树立科学的教育观，以幼儿为本，面向全体幼儿实施德、智、体、美等全面发展的教育，引导幼儿主动学习，树立素质教育观念。根据本班幼儿的实际发展水平，制订本班的各项工作计划并组织实施，每学期期末进行班级工作总结。主班教师负责本班幼儿的安全工作，制定详细的安全防护措施，并落实到位。主班教师应指导本班教师、保育员做好教育教学和生活管理工作，协调班级教师团结合作，并保证班级教师工作步调一致。

（2）实践目的

①了解主班教师的日常工作内容。

②观察主班教师对班级工作组织与管理的方式和方法。

③了解主班教师针对班级开展的安全及卫生保健工作内容。

（3）实践内容

幼儿园主班教师一日工作观察的实践内容、实践目标和要求见表1–8。

表 1–8 幼儿园主班教师一日工作观察的实践内容、实践目标和要求

序号	实践内容	实践目标和要求
1	教育活动组织	了解主班教师对集体教育活动的组织情况
2	生活活动组织	了解主班教师对班级生活活动的组织与协调情况
3	区域活动组织	观察主班教师组织幼儿区域活动的流程及指导方法
4	户外活动组织	观察主班教师组织幼儿户外活动的过程及方法
5	家长工作	观察主班教师与家长沟通的过程及方式

2.实践记录

幼儿园主班教师一日工作的观察实践记录表见表1–9。

幼儿教师岗位职责

表 1–9　幼儿园主班教师一日工作的观察实践记录表

主班教师姓名：	主班教师教龄：

主班教师主要工作内容

生活活动
- 晨间接待
  - 时间：
  - 准备工作：
  - 接待工作：
- 盥洗环节
  - 准备工作：
  - 幼儿盥洗指导情况：
- 饮水环节
  - 准备工作：
  - 工作内容：
- 如厕环节
  - 准备工作：
  - 工作内容：
- 进餐环节
  - 餐前准备：
  - 进餐期间：
  - 餐后：
- 午睡环节
  - 午睡时长：
  - 工作内容：
- 离园环节
  - 时间：
  - 准备工作：
  - 工作内容：

户外活动
- 时长：上午（　　）下午（　　）
- 游戏名称：
- 组织情况：

教育活动
- 活动时间：
- 活动名称：
- 活动准备：
- 教学领域：
- 活动氛围：
- 活动延伸：

区域活动
- 时间：
- 准备工作：
- 指导情况：

家长工作
- 时间：
- 形式：
- 内容：

🔖 任务四 幼儿园配班教师一日工作的观察

本任务课件

1.实践总体要求

（1）实践指引

在幼儿园班级管理工作中，以主班教师为主，以配班教师为辅，带领保育员共同管理班级，一起完成班级的各项工作。配班教师的责任也非常重大，和主班教师一样承担着班级日常管理、教育教学、活动组织和家长工作等方面，只是在工作分工上不同而已。配班教师的岗位职责同样需要自觉执行幼儿教师职业道德规范，遵守幼儿园的各项规章制度；在主班教师的指导下，根据班级工作计划及每周安排配合主班教师组织教育活动；能独立组织幼儿进行各项生活和区域等活动并做好观察记录；严格执行幼儿园安全、卫生保健制度；做好家园共育工作，定期向家长反馈幼儿在园情况；与主班教师一起为幼儿创设良好的班级环境；定期接受领导的检查与指导；及时完成其他需要完成的相关工作。

（2）实践目的

①了解配班教师的日常工作内容。

②了解配班教师教育活动的组织与实施。

③了解配班教师配合保育员参与班级保育工作的情况。

④了解配班教师配合主班教师开展家长工作的情况。

（3）实践内容

幼儿园配班教师一日工作观察的实践内容、实践目标和要求见表1-10。

表 1-10 幼儿园配班教师一日工作观察的实践内容、实践目标和要求

序号	实践内容	实践目标和要求
1	生活活动	了解配班教师如何配合主班教师进行生活活动的组织与实施
2	教育活动	了解配班教师组织教育活动的内容及过程
3	区域活动	了解配班教师在区域活动环节中的工作内容及要求
4	户外活动	了解配班教师在户外游戏活动过程中的工作内容
5	家长工作	了解配班教师在家长工作方面需要承担的工作

2.实践记录

幼儿园配班教师一日工作的观察实践记录表见表1–11。

表 1–11 幼儿园配班教师一日工作的观察实践记录表

配班教师姓名：	配班教师教龄：

配班教师主要工作内容

生活活动
- 晨间接待
  - 时间：
  - 活动准备：
  - 活动内容：
- 盥洗环节
  - 准备工作：
  - 幼儿盥洗组织情况：
- 饮水环节
  - 准备工作：
  - 工作内容：
- 如厕环节
  - 准备工作：
  - 工作内容：
- 进餐环节
  - 餐前准备：
  - 进餐期间：
  - 餐后：
- 午睡环节
  - 睡前准备：
  - 工作内容：
- 离园环节
  - 准备工作：
  - 工作内容：

户外活动
- 时长：上午（　　）下午（　　）
- 游戏名称：
- 工作内容：

教育活动
- 活动时间：
- 活动名称：
- 活动准备：
- 教学领域：
- 活动氛围：
- 活动延伸：

区域活动
- 时间：
- 准备工作：
- 指导情况：

家长工作
- 时间：
- 形式：
- 内容：

任务五　幼儿园保育员一日工作的观察

本任务课件

1.实践总体要求

（1）实践指引

保教结合是我国幼儿教育的一大特色，也是幼儿园一贯坚持的原则。保育主要是为幼儿的生存、发展创设健康的环境和提供物质条件，给予幼儿精心的照顾和养育，帮助其身体机能良好地发育，促进其身心健康地发展。保育员的岗位职责主要包括：热爱幼教事业，热爱幼儿，有良好的道德规范，认真执行保育员一日工作细则；严格执行卫生保健及安全制度，在保健人员的指导下，认真完成本班教室、设备、各种用具、物品、环境的清洁卫生及消毒工作；定时开窗通风，确保室内空气流通，严防各种传染病的发生；全面、准确地把握本班幼儿的生理特点，给予恰当的引导及帮助，培养幼儿的自我服务意识；注意观察幼儿的健康情况，做好对体弱幼儿的照顾，若发现异常，及时处理；服从工作安排，积极配合主配班教师的教育教学活动，做好活动前的准备工作及活动后的整理工作。

（2）实践目的

①了解保育员的日常工作内容。

②正确认识幼儿园保育工作的重要性，增强保教并重的意识。

③树立现代保育意识，逐步提升自身的保育工作能力。

（3）实践内容

幼儿园保育员一日工作观察的实践内容、实践目标和要求见表1-12。

表1-12　幼儿园保育员一日工作观察的实践内容、实践目标和要求

序号	实践内容	实践目标和要求
1	入园前准备	了解保育员入园前准备工作的具体内容和注意事项
2	进餐环节	了解保育员在餐前准备、餐中指导、餐后整理过程中的工作内容及要求
3	盥洗、饮水及如厕环节	观察保育员在盥洗、饮水及如厕环节中的站位与工作内容
4	教育活动	观察保育员在教育教学环节进行辅助教学、维持秩序及物品整理归位的工作流程
5	户外活动	观察保育员在户外活动过程中的工作内容
6	离园环节	了解保育员在幼儿离园环节的工作内容及要求

2.实践记录

幼儿园保育员一日工作的观察实践记录表见表1-13。

保育员的岗位职责

表 1-13 幼儿园保育员一日工作的观察实践记录表

保育员姓名:	保育员教龄:

保育员主要工作内容

- 入园前准备
  - 时间:
  - 幼儿入园前准备工作:
  - 接园工作:
- 盥洗环节
  - 准备工作:
  - 盥洗环节中的注意事项:
- 进餐环节
  - 餐前准备:
  - 进餐期间:
  - 餐后工作:
- 如厕环节
  - 准备工作:
  - 工作内容:
- 饮水环节
  - 准备工作:
  - 工作内容:
- 区域活动
  - 时间:
  - 工作内容:
- 教育活动
  - 时间:
  - 工作内容:
- 户外活动
  - 时长:上午( ) 下午( )
  - 工作内容:
- 午睡环节
  - 睡前准备:
  - 工作内容:
- 离园环节
  - 准备工作:
  - 工作内容:

🔖 任务六　幼儿园班级安全工作的观察

1.实践总体要求

（1）实践指引

安全工作是做好幼儿园工作的前提和基础，抓好幼儿园的安全工作，才能确保师生的生命财产安全和正常的教育秩序。幼儿园要始终把安全工作放在园所管理工作的首位，需要为幼儿的健康成长提供一个安全而舒适的环境，满足幼儿的安全需要就是让幼儿有足够的安全感。加强对幼儿的安全教育，培养幼儿自我保护意识和自我管理能力。同时要加强对幼儿园的安全管理、检查、监督力度，严格执行安全管理规程，积极创造一个安全、和谐、健康、舒适的良好环境，以确保幼儿的生命安全。为做到安全工作警钟长鸣、责任落实到位，幼儿园要与各岗位教职工签订层级安全责任书，确保幼儿在园的人身安全。

（2）实践目的

①了解幼儿园班级安全工作的主要内容。

②了解幼儿园针对幼儿开展安全教育的形式和内容。

③了解幼儿园突发事件的安全应急预案。

（3）实践内容

幼儿园班级安全工作观察的实践内容、实践目标和要求见表1-14。

表 1-14　幼儿园班级安全工作观察的实践内容、实践目标和要求

序号	实践内容	实践目标和要求
1	活动室安全工作	了解幼儿园活动室安全隐患的排查内容及解决方法
2	睡眠室安全工作	了解幼儿园睡眠室安全的防护措施
3	盥洗室安全工作	了解幼儿园盥洗室安全的防护措施
4	安全教育活动	了解幼儿园安全教育的内容和形式

2.实践记录

幼儿园班级安全工作的观察实践记录表见表1–15。

表 1–15　幼儿园班级安全工作的观察实践记录表

幼儿园班级安全工作

活动室
- 幼儿桌椅棱角标准情况：
- 地面防滑设计：
- 前门、后门安全防护设施：
- 窗户安全防护设施：
- 电器安全防护设施：
- 环境创设安全问题：
- 区域材料安全问题：
- 其他安全问题：

睡眠室
- 门窗安全防护设施：
- 墙面电源插座安全防护设施：
- 幼儿床上用品收纳情况：
- 其他安全问题：

盥洗室
- 防滑垫铺设情况：
- 卫生间隔板是否有防撞条：有（　　　　　）；无
- 清洁消毒用品收纳情况：
- 其他安全问题：

安全教育
- 家园共育栏有无安全小知识：有（　　　　　）；无
- 班级是否有安全主题教育活动：有（　　　　　）；无
- 班级其他形式的安全教育活动：有（　　　　　）；无

🌸 任务七　幼儿园卫生保健工作的观察

本任务课件

1.实践总体要求

（1）实践指引

幼儿园是保证幼儿身心健康发展的场所。为了减少和杜绝幼儿意外伤害事故及传染病的发生，确保正常的教育教学，幼儿园保健医生的工作非常重要。首先，保健医生需要严格把好晨检关，做到一问二看三摸四查五记。其次，认真贯彻卫生防疫部门下达的有关食品卫生的规定，严把食品的进园关和入口关，指导并督促食堂人员和保育员做好日常消毒工作和食品安全工作，严防食品中毒事件的发生，保证环境卫生和饮食卫生。同时，结合幼儿园实际情况制订保健计划，定期对保育员、食堂人员进行培训。还要定期检查幼儿身体，了解特殊体质幼儿的身体情况，以确保幼儿身心健康。另外，保健医生不但要配合有关部门做好幼儿接种防疫工作，防止传染病在园内流行，还要根据季节等实际情况，做好教职工、幼儿和家长有关传染病的防治、隔离和宣传工作。在日常工作中及时发现幼儿的异常情况，保证及时就医或做出妥善处理。最后，保健医生还要建立幼儿健康档案，对身体发育出现异常的幼儿，要及时与家长取得联系，认真分析原因，共同寻找解决问题的办法。

（2）实践目的

①了解幼儿园卫生保健工作的主要内容。

②了解幼儿园卫生保健工作的重要性。

③理解幼儿园教育必须遵循幼儿生命健康第一的原则。

（3）实践内容

幼儿园卫生保健工作观察的实践内容、实践目标和要求见表1–16。

表1–16　幼儿园卫生保健工作观察的实践内容、实践目标和要求

序号	实践内容	实践目标和要求
1	保健医生卫生保健工作	了解保健医生在幼儿一日生活中的卫生保健工作内容
2	教师卫生保健工作	了解班级教师需要完成的卫生保健工作的内容及要求
3	保育员卫生保健工作	了解保育员需要完成的卫生保健工作的内容及要求

2.实践记录

幼儿园卫生保健工作的观察实践记录表见表1–17。

保健医生的岗位职责

表 1–17　幼儿园卫生保健工作的观察实践记录表

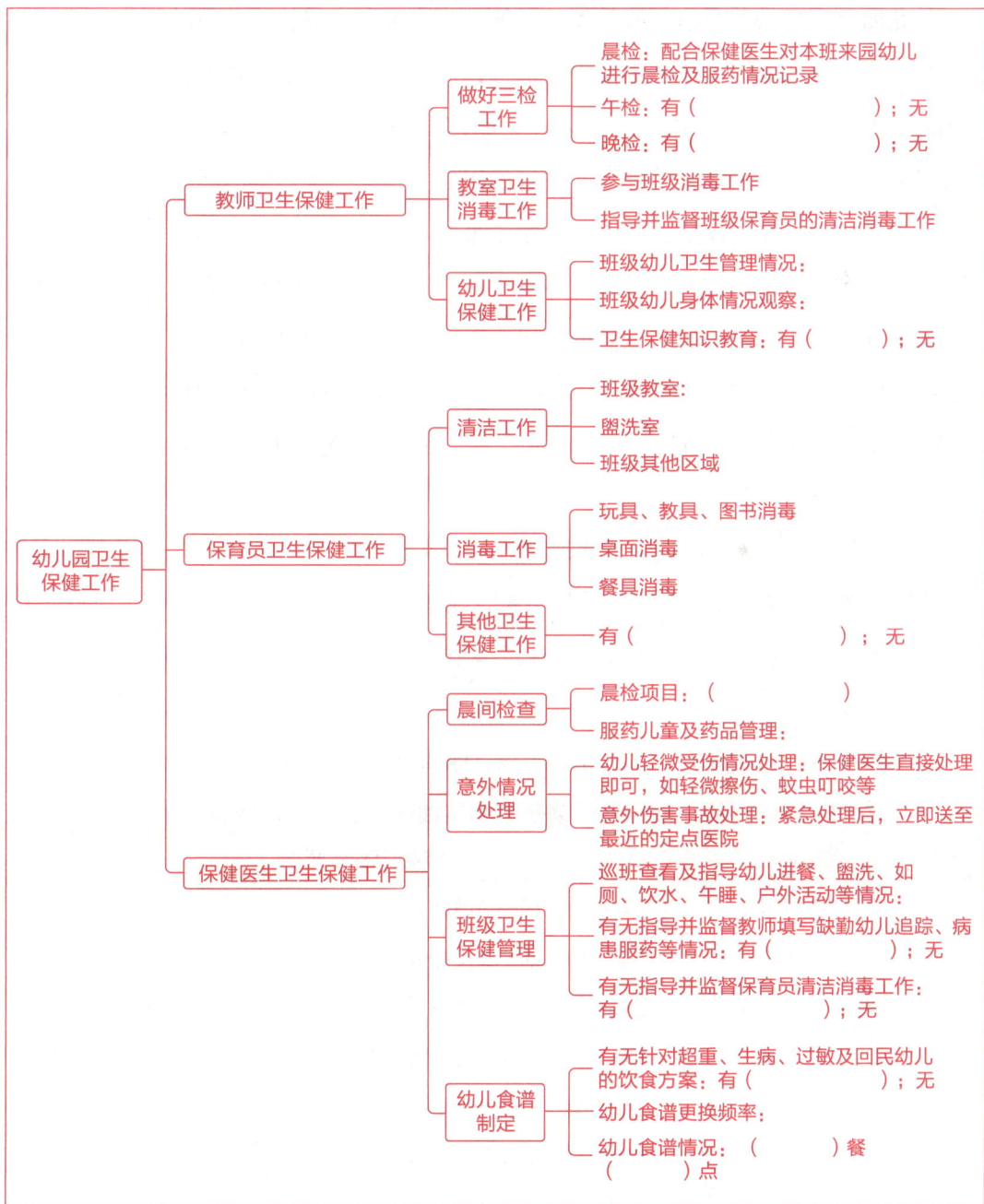

```
幼儿园卫生
保健工作
├── 教师卫生保健工作
│   ├── 做好三检工作
│   │   ├── 晨检：配合保健医生对本班来园幼儿
│   │   │   进行晨检及服药情况记录
│   │   ├── 午检：有（            ）；无
│   │   └── 晚检：有（            ）；无
│   ├── 教室卫生消毒工作
│   │   ├── 参与班级消毒工作
│   │   └── 指导并监督班级保育员的清洁消毒工作
│   └── 幼儿卫生保健工作
│       ├── 班级幼儿卫生管理情况：
│       ├── 班级幼儿身体情况观察：
│       └── 卫生保健知识教育：有（        ）；无
├── 保育员卫生保健工作
│   ├── 清洁工作
│   │   ├── 班级教室：
│   │   ├── 盥洗室
│   │   └── 班级其他区域
│   ├── 消毒工作
│   │   ├── 玩具、教具、图书消毒
│   │   ├── 桌面消毒
│   │   └── 餐具消毒
│   └── 其他卫生保健工作 ── 有（            ）；无
└── 保健医生卫生保健工作
    ├── 晨间检查
    │   ├── 晨检项目：（            ）
    │   └── 服药儿童及药品管理：
    ├── 意外情况处理
    │   ├── 幼儿轻微受伤情况处理：保健医生直接处理
    │   │   即可，如轻微擦伤、蚊虫叮咬等
    │   └── 意外伤害事故处理：紧急处理后，立即送至
    │       最近的定点医院
    ├── 班级卫生保健管理
    │   ├── 巡班查看及指导幼儿进餐、盥洗、如
    │   │   厕、饮水、午睡、户外活动等情况：
    │   ├── 有无指导并监督教师填写缺勤幼儿追踪、病
    │   │   患服药等情况：有（            ）；无
    │   └── 有无指导并监督保育员清洁消毒工作：
    │       有（            ）；无
    └── 幼儿食谱制定
        ├── 有无针对超重、生病、过敏及回民幼儿
        │   的饮食方案：有（        ）；无
        ├── 幼儿食谱更换频率：
        └── 幼儿食谱情况：（      ）餐
            （      ）点
```

★ 任务八　幼儿园生活活动的观察

本任务课件

1.实践总体要求

（1）实践指引

幼儿园的生活活动包括入园、盥洗、饮水、进餐、如厕、午睡、离园等常规性活动，这些活动是幼儿园生活的重要组成部分，而且具有很重要的教育价值。首先，生活活动可以培养幼儿良好的生活卫生习惯，幼儿园应该抓住3~6岁这个形成各种习惯的关键时期，通过生活活动来培养幼儿良好的生活习惯。其次，生活活动可以培养幼儿的生活自理能力和勤劳品质，幼儿是国家未来的建设者，他们必须是全面发展且有开拓创新能力和勤劳品质的人。最后，通过生活活动可以培养幼儿良好的心理素质，一个健康的儿童，不仅是指生理方面的健康，还指包括心理健康和良好的社会适应能力在内的全面发展。总之，幼儿园一日生活的各个环节都渗透着教育因素和教育价值，只有不断地深入挖掘生活活动内在的教育价值，才能更好地促进幼儿的全面发展。

（2）实践目的

①了解幼儿园一日生活中生活活动的具体内容。

②观察幼儿生活活动中教师的具体组织方式和引导方法。

③了解幼儿园生活活动各个环节的注意事项。

（3）实践内容

幼儿园生活活动观察的实践内容、实践目标和要求见表1-18。

表1-18　幼儿园生活活动观察的实践内容、实践目标和要求

序号	实践内容	实践目标和要求
1	入园环节	了解幼儿入园环节教师的工作内容
2	盥洗环节	观察教师在幼儿盥洗环节的分工
3	进餐环节	了解幼儿进餐环节的准备工作及教师的正确引导方法
4	午睡环节	了解幼儿午睡环节教师的工作内容
5	饮水环节	了解教师组织幼儿饮水的方法
6	如厕环节	观察教师在幼儿如厕环节的站位
7	离园环节	了解幼儿离园环节中的各项准备工作

2.实践记录

幼儿园生活活动的观察实践记录表见表1-19。

幼儿园教育工作的
原则

表 1-19　幼儿园生活活动的观察实践记录表

幼儿园名称：	班级：				幼儿人数：	
入园环节（时间：　　）	班级教师在入园环节的分工：					
早餐（时间：　　） 餐品：	保育员餐前准备工作：					
	进餐速度过快（<20分钟）	暴食（人数）	剩饭（人数）	汤泡饭（人数）	饭前洗手（人数）	饭后漱口（人数）
	保育员餐后整理工作：					
如厕环节	教师站位情况：					
盥洗环节	教师分工情况：					
饮水环节	幼儿一天的饮水次数：＿＿（次），每次的饮水量：＿＿（ml）； 教师组织幼儿饮水的方法：					
早点（时间：　　） 餐品：	幼儿进餐情况：					
午餐（时间：　　） 餐品：	进餐过程中，教师的引导方法：					
	餐后散步的活动主题：					
午睡环节（时间：　　）	负责教师：					
	幼儿午睡情况：					
午点（时间：　　） 餐品：	幼儿进餐情况：					
晚餐（时间：　　） 餐品：	教师针对偏食幼儿的引导方法：					
离园环节（时间：　　）	幼儿离园的准备工作：					

★ 任务九　幼儿园教育活动的观察

1.实践总体要求

（1）实践指引

幼儿园教育活动从结构上来说，可以分为学科领域的教育活动和综合主题的教育活动两个部分。从形式上来说，幼儿园教育活动又可以分为集体活动、小组活动和个别活动。《幼儿园教育指导纲要（试行）》第三部分"组织与实施"第二条指出："幼儿园教育活动，是教师以多种形式有目的、有计划地引导幼儿生动、活泼、主动活动的教育过程。"这就要求幼儿园教育活动必须是以幼儿为主体，教师创设的活动环境应当符合幼儿身心发展规律，让幼儿在与环境相互作用的过程中，引发他们积极参与并主动探索。同时，教育活动还应该是以促进幼儿健康、和谐、全面发展为最终目的的活动。幼儿园教育活动的设计、组织、实施、评价等方面都要求幼儿教师不但要有正确的教育理念、科学的教育方法，还应具备突出的课堂管理能力及应对各种突发事件的能力。

（2）实践目的

①基本掌握幼儿园教育活动的分类。

②初步掌握班级教师组织教育活动的流程。

③了解教师组织幼儿园教育活动的注意事项。

（3）实践内容

幼儿园教育活动观察的实践内容、实践目标和要求见表1-20。

表1-20　幼儿园教育活动观察的实践内容、实践目标和要求

序号	实践内容	实践目标和要求
1	教育活动前	了解教育活动前教师的准备工作内容
2	教育活动中	观察教师组织教育活动的详细过程及总结的注意事项
3	教育活动后	了解教师各环节运用的过渡方法和活动延伸的方式

本任务课件

2.实践记录

幼儿园教育活动的观察实践记录表见表1-21。

幼儿园保育和教育
的主要目标

表 1-21　幼儿园教育活动的观察实践记录表

幼儿园名称：	班级：		幼儿人数：
教育活动	教育活动名称：		
教育活动前	准备工作： 1.教师方面（教案、课件、教具、学具等）： 2.幼儿方面（生理、情绪、经验等）：		
	注意事项：		
教育活动中	1.导入环节： 导入的形式： 幼儿的反应： 2.活动过程： 3.活动结束：		
	注意事项：		
教育活动后	1.过渡环节的方式及内容： 2.活动延伸的方式及内容：		
	注意事项：		

任务十　幼儿园区域活动的观察

本任务课件

1.实践总体要求

（1）实践指引

区域活动是一种以幼儿个性化学习为主的教育活动形式，教师根据幼儿的发展水平、年龄特点及发展需要为幼儿提供丰富的区域活动材料，在幼儿开展区域活动的过程中给予个性化的指导。幼儿则可以依据自己的兴趣、内部需要、发展节奏等展开学习并积累个体经验，他们可以在自我建构的同时，与同伴和群体进行分享和交流，共同成长。在区域活动过程中，教师从幼儿学习的教导者变为幼儿学习的引导者，以充分发掘幼儿学习的潜能。在区域活动的有限时空环境中，教师通过师幼互动开展指导与反思，并提升专业能力。

（2）实践目的

①了解班级活动区域设置的情况及注意事项。

②初步了解班级区域活动观察及指导的方法。

③通过实践理解区域活动的特点及其与教育活动的区别。

（3）实践内容

幼儿园区域活动观察的实践内容、实践目标和要求见表1-22。

表1-22　幼儿园区域活动观察的实践内容、实践目标和要求

序号	实践内容	实践目标和要求
1	活动区域设置	了解活动区域的名称与布局
2	区域活动观察	观察幼儿游戏状态及游戏中的合作与冲突表现
3	区域活动指导	观察教师如何介入幼儿区域活动

2.实践记录

幼儿区域活动的观察实践记录表见表1-23。

幼儿园班级活动区设置

表 1-23　幼儿园区域活动的观察实践记录表

幼儿园名称：		班级：	幼儿人数：
班级区域设置情况	区域名称：	参与人数：	区域要求：
	区域设置的注意事项：		
幼儿区域活动观察	区域名称：	幼儿人数：	负责教师：
	开始时间：	结束时间：	
	观察记录：		
	客观评价：		

任务十一 幼儿园户外活动的观察

本任务课件

1.实践总体要求

（1）实践指引

《幼儿园工作规程》指出："幼儿园的任务是，按照保育与教育相结合的原则，对幼儿实施德、智、体、美等方面全面发展的教育，促进幼儿身心和谐发展。"《幼儿园工作规程》要求，幼儿户外活动时间在正常情况下每天不得少于2小时。幼儿园户外活动，是幼儿园整体教育活动的重要组成部分。《幼儿园教育指导纲要（试行）》明确规定了幼儿园要"开展丰富多彩的户外游戏和体育活动，培养幼儿参加体育活动的兴趣和习惯，增强体质，提高对环境的适应能力"。户外活动是幼儿园一日生活的重要组成部分，也是有计划、有目的的教育活动，它可以分为园内和园外两种，二者是相互补充的。

（2）实践目的

①了解幼儿园户外活动的基本内容和方式。

②了解幼儿园户外活动的组织与实施过程。

③理解幼儿园户外活动的重要性。

（3）实践内容

幼儿园户外活动观察的实践内容、实践目标和要求见表1-24。

表1-24 幼儿园户外活动观察的实践内容、实践目标和要求

序号	实践内容	实践目标和要求
1	户外场地及设施	了解幼儿园户外场地的基本情况
2	户外教育活动	知道户外教育活动的流程
3	户外游戏活动	了解户外游戏活动的方式与内容
4	户外其他活动	了解户外其他活动的形式与内容

2.实践记录

幼儿户外活动的观察实践记录表见表1–25。

幼儿园户外活动场
地设置

表 1–25　幼儿户外活动的观察实践记录表

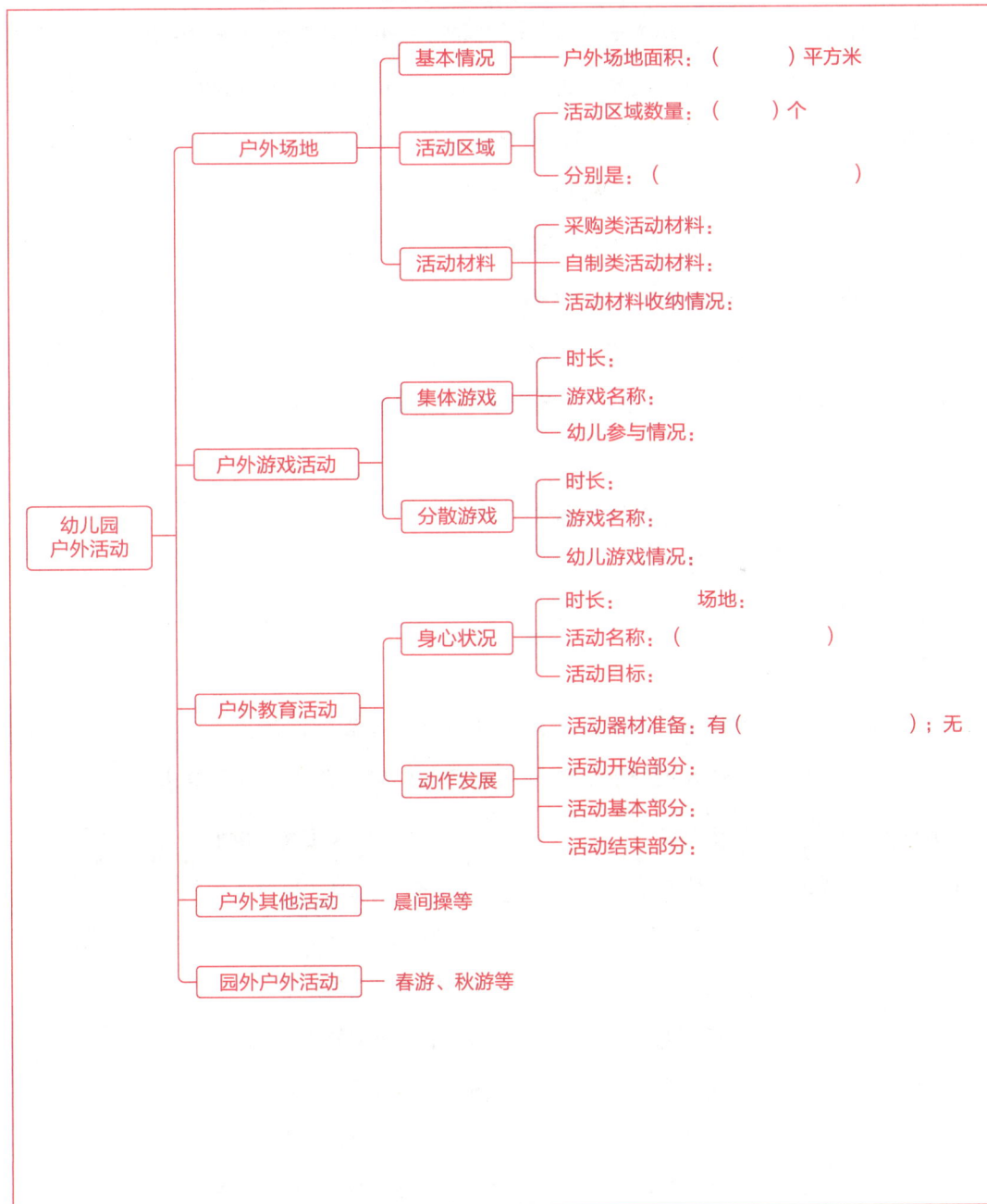

```
                                    ┌─ 基本情况 ── 户外场地面积：（       ）平方米
                   ┌─ 户外场地 ─────┤            ┌─ 活动区域数量：（      ）个
                   │                ├─ 活动区域 ─┤
                   │                │            └─ 分别是：（                ）
                   │                │            ┌─ 采购类活动材料：
                   │                └─ 活动材料 ─┼─ 自制类活动材料：
                   │                             └─ 活动材料收纳情况：
                   │                             ┌─ 时长：
                   │                ┌─ 集体游戏 ─┼─ 游戏名称：
                   │                │            └─ 幼儿参与情况：
                   ├─ 户外游戏活动 ─┤
                   │                │            ┌─ 时长：
  幼儿园            │                └─ 分散游戏 ─┼─ 游戏名称：
  户外活动 ────────┤                             └─ 幼儿游戏情况：
                   │                             ┌─ 时长：        场地：
                   │                ┌─ 身心状况 ─┼─ 活动名称：（          ）
                   │                │            └─ 活动目标：
                   ├─ 户外教育活动 ─┤            ┌─ 活动器材准备：有（          ）；无
                   │                │            ├─ 活动开始部分：
                   │                └─ 动作发展 ─┼─ 活动基本部分：
                   │                             └─ 活动结束部分：
                   │
                   ├─ 户外其他活动 ── 晨间操等
                   │
                   └─ 园外户外活动 ── 春游、秋游等
```

任务十二　幼儿园家长工作的观察

本任务课件

1.实践总体要求

（1）实践指引

《幼儿园教育指导纲要（试行）》指出："家庭是幼儿园重要的合作伙伴。应本着尊重、平等、合作的原则，争取家长的理解、支持和主动参与，并积极支持、帮助家长提高教育能力。"这充分说明了幼儿家长不但是幼儿教育的重要资源，还是幼儿园开展保教工作及管理工作的重要合作伙伴。因此，做好家长工作是实现家园共育的重要途径。对幼儿园来说，家长工作是幼儿园工作的重要组成部分，这不仅体现在对幼儿健康成长的价值和意义上，而且对幼儿园的发展也是非常重要的。无论是公办幼儿园还是民办幼儿园，都应该把家长工作做扎实，建立良好的家园互动，提升园所的美誉度，这样才能更好地促进幼儿健康和谐地成长，促进幼儿园各项工作的顺利开展。

（2）实践目的

①了解幼儿园开展家长工作的主要形式。

②了解幼儿园家长工作的主要内容。

③理解幼儿园开展家长工作的意义。

（3）实践内容

幼儿园家长工作观察的实践内容、实践目标和要求见表1-26。

表1-26　幼儿园家长工作观察的实践内容、实践目标和要求

序号	实践内容	实践目标和要求
1	日常家长沟通	知道日常家长沟通工作的要点
2	家园联系栏	了解家园联系栏的主要内容
3	家长委员会	了解家长委员会的作用
4	家园联系册	知道家园联系册的使用方法
5	半日开放活动	了解半日开放活动的意义
6	家长会	知道家长会主要的两种形式
7	家园互动网络平台	了解家园互动网络平台的使用情况

2.实践记录

幼儿园家长工作的观察实践记录表见表1-27。

表 1-27 幼儿园家长工作的观察实践记录表

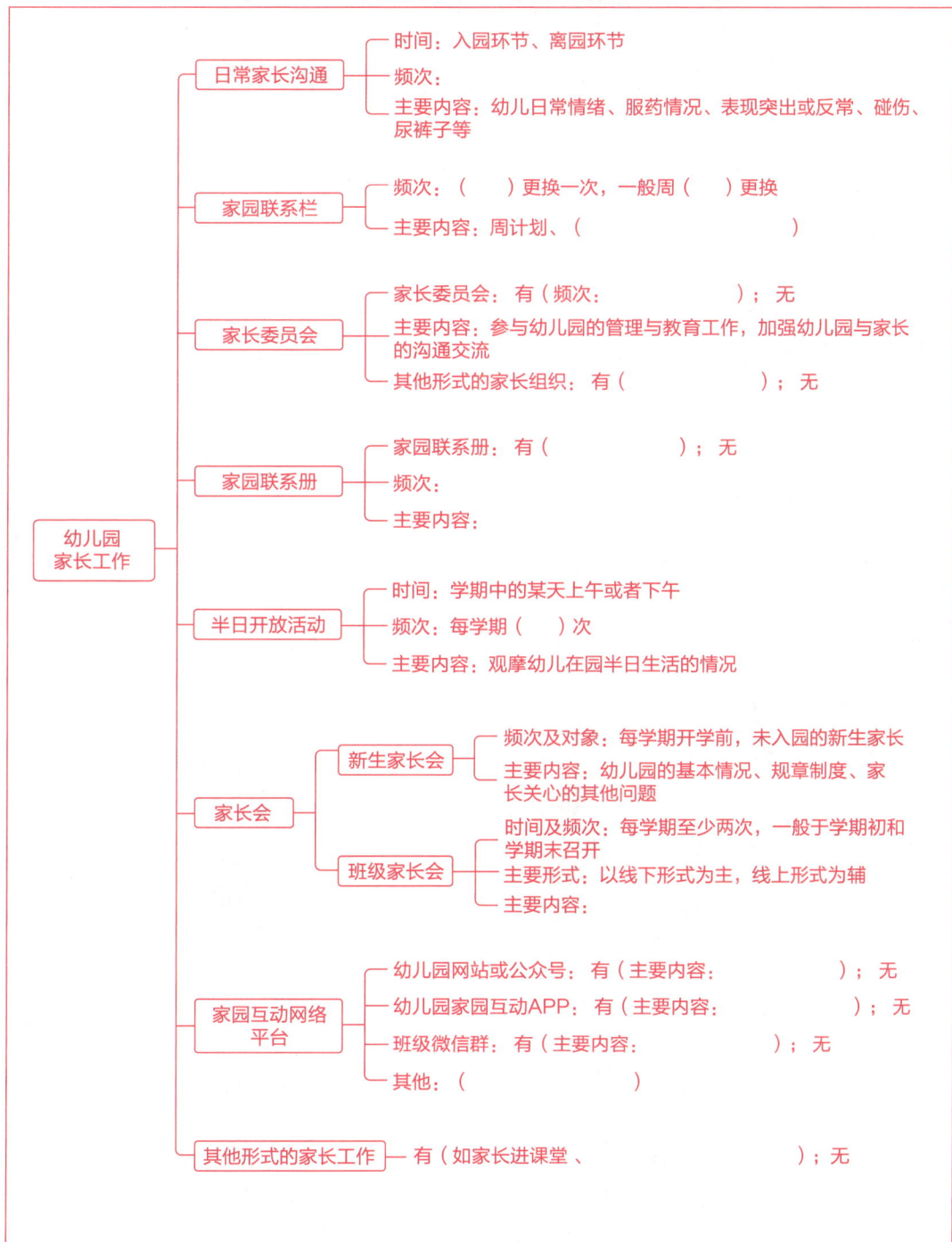

- 幼儿园家长工作
  - 日常家长沟通
    - 时间：入园环节、离园环节
    - 频次：
    - 主要内容：幼儿日常情绪、服药情况、表现突出或反常、碰伤、尿裤子等
  - 家园联系栏
    - 频次：（　）更换一次，一般周（　）更换
    - 主要内容：周计划、（　　　　　　　）
  - 家长委员会
    - 家长委员会：有（频次：　　　　）；无
    - 主要内容：参与幼儿园的管理与教育工作，加强幼儿园与家长的沟通交流
    - 其他形式的家长组织：有（　　　　）；无
  - 家园联系册
    - 家园联系册：有（　　　　）；无
    - 频次：
    - 主要内容：
  - 半日开放活动
    - 时间：学期中的某天上午或者下午
    - 频次：每学期（　）次
    - 主要内容：观摩幼儿在园半日生活的情况
  - 家长会
    - 新生家长会
      - 频次及对象：每学期开学前，未入园的新生家长
      - 主要内容：幼儿园的基本情况、规章制度、家长关心的其他问题
    - 班级家长会
      - 时间及频次：每学期至少两次，一般于学期初和学期末召开
      - 主要形式：以线下形式为主，线上形式为辅
      - 主要内容：
  - 家园互动网络平台
    - 幼儿园网站或公众号：有（主要内容：　　　　）；无
    - 幼儿园家园互动APP：有（主要内容：　　　　）；无
    - 班级微信群：有（主要内容：　　　　）；无
    - 其他：（　　　　）
  - 其他形式的家长工作：有（如家长进课堂、　　　　）；无

学生自评表见表1-28。

表 1-28　学生自评表

自评日期：　　　年　　月　　日

我的长处	
需加强之处	
指导老师的建议	
下一步的计划	
贴心小贴士 （记录自己的经验与心得）	
积累的资源库	

备注：围绕自己在园内组织开展的教学活动填写上表。

实践任务总结表见表1-29。

表 1-29 实践任务总结表

姓名：	学号：	班级：	幼儿园名称：
实践单位的情况：			
实践目的：			
实践内容：			
实践收获：			

入园实践任务评定表见表1–30。

表1–30　入园实践任务评定表

姓名：	学号：	实习班级：	总成绩（百分制）：
指导教师评语：			
成绩（百分制）：			
			指导教师签名： 幼儿园盖章 年　月　日
带队教师评语：			
成绩（百分制）：			
			带队教师签名： 年　月　日

备注：

（1）幼儿园指导教师评定内容主要包括入园实践学生的工作纪律、仪容仪表、对待幼儿和学习的态度、学习能力等方面。

（2）带队教师评定内容主要包括入园实践学生教学任务手册填写情况、实践总体表现及园方评价。

（3）入园实践任务总成绩由两部分组成：幼儿园评定占60%，带队教师评定占40%。

模块拓展

《幼儿园工作规程》（新修订）

第一章　总则

第一条　为了加强幼儿园的科学管理，规范办园行为，提高保育和教育质量，促进幼儿身心健康，依据《中华人民共和国教育法》等法律法规，制定本规程。

第二条　幼儿园是对3周岁以上学龄前幼儿实施保育和教育的机构。幼儿园教育是基础教育的重要组成部分，是学校教育制度的基础阶段。

第三条　幼儿园的任务是：贯彻国家的教育方针，按照保育与教育相结合的原则，遵循幼儿身心发展的特点和规律，实施德、智、体、美等方面全面发展的教育，促进幼儿身心和谐发展。

幼儿园同时面向幼儿家长提供科学育儿指导。

第四条　幼儿园适龄幼儿一般为3周岁至6周岁。

幼儿园一般为三年制。

第五条　幼儿园保育和教育的主要目标是：

（一）促进幼儿身体正常发育和机能的协调发展，增强体质，促进心理健康，培养良好的生活习惯、卫生习惯和参加体育活动的兴趣。

（二）发展幼儿智力，培养正确运用感官和运用语言交往的基本能力，增进对环境的认识，培养有益的兴趣和求知欲望，培养初步的动手探究能力。

（三）萌发幼儿爱祖国、爱家乡、爱集体、爱劳动、爱科学的情感，培养诚实、自信、友爱、勇敢、勤学、好问、爱护公物、克服困难、讲礼貌、守纪律等良好的品德行为和习惯，以及活泼开朗的性格。

（四）培养幼儿初步感受美和表现美的情趣和能力。

第六条　幼儿园教职工应当尊重、爱护幼儿，严禁虐待、歧视、体罚和变相体罚、侮辱幼儿人格等损害幼儿身心健康的行为。

第七条　幼儿园可分为全日制、半日制、定时制、季节制和寄宿制等。上述形式可分别设置，也可混合设置。

第二章　幼儿入园和编班

第八条　幼儿园每年秋季招生。平时如有缺额，可随时补招。

幼儿园对烈士子女、家中无人照顾的残疾人子女、孤儿、家庭经济困难幼儿、具有接受普通教育能力的残疾儿童等入园，按照国家和地方的有关规定予以照顾。

第九条　企业、事业单位和机关、团体、部队设置的幼儿园，除招收本单位工作人员的子女外，应当积极创造条件向社会开放，招收附近居民子女入园。

第十条　幼儿入园前，应当按照卫生部门制定的卫生保健制度进行健康检查，合格者方可入园。

幼儿入园除进行健康检查外，禁止任何形式的考试或测查。

第十一条　幼儿园规模应当有利于幼儿身心健康，便于管理，一般不超过360人。

幼儿园每班幼儿人数一般为：小班（3周岁至4周岁）25人，中班（4周岁至5周岁）30人，大班（5周岁至6周岁）35人，混合班30人。寄宿制幼儿园每班幼儿人数酌减。

幼儿园可以按年龄分别编班，也可以混合编班。

第三章　幼儿园的安全

第十二条　幼儿园应当严格执行国家和地方幼儿园安全管理的相关规定，建立健全门卫、房屋、设备、消防、交通、食品、药物、幼儿接送交接、活动组织和幼儿就寝值守等安全防护和检查制度，建立安全责任制和应急预案。

第十三条　幼儿园的园舍应当符合国家和地方的建设标准，以及相关安全、卫生等方面的规范，定期检查维护，保障安全。幼儿园不得设置在污染区和危险区，不得使用危房。

幼儿园的设备设施、装修装饰材料、用品用具和玩教具材料等，应当符合国家相关的安全质量标准和环保要求。

入园幼儿应当由监护人或者其委托的成年人接送。

第十四条　幼儿园应当严格执行国家有关食品药品安全的法律法规，保障饮食饮水卫生安全。

第十五条　幼儿园教职工必须具有安全意识，掌握基本急救常识和防范、避险、逃生、自救的基本方法，在紧急情况下应当优先保护幼儿的人身安全。

幼儿园应当把安全教育融入一日生活，并定期组织开展多种形式的安全教育和事故预防演练。

幼儿园应当结合幼儿年龄特点和接受能力开展反家庭暴力教育，发现幼儿遭受或者疑似遭受家庭暴力的，应当依法及时向公安机关报案。

第十六条　幼儿园应当投保校方责任险。

第四章　幼儿园的卫生保健

第十七条　幼儿园必须切实做好幼儿生理和心理卫生保健工作。

幼儿园应当严格执行《托儿所幼儿园卫生保健管理办法》及其他有关卫生保健的法规、规章和制度。

第十八条　幼儿园应当制定合理的幼儿一日生活作息制度。正餐间隔时间为3.5~4小时。在正常情况下，幼儿户外活动时间（包括户外体育活动时间）每天不得少于2小时，寄宿制幼儿园不得少于3小时；高寒、高温地区可酌情增减。

第十九条　幼儿园应当建立幼儿健康检查制度和幼儿健康卡或档案。每年体检一次，每半年测身高、视力一次，每季度量体重一次；注意幼儿口腔卫生，保护幼儿视力。

幼儿园对幼儿健康发展状况定期进行分析、评价，及时向家长反馈结果。

幼儿园应当关注幼儿心理健康，注重满足幼儿的发展需要，保持幼儿积极的情绪状态，让幼儿感受到尊重和接纳。

第二十条　幼儿园应当建立卫生消毒、晨检、午检制度和病儿隔离制度，配合卫生部门做好计划免疫工作。

幼儿园应当建立传染病预防和管理制度，制定突发传染病应急预案，认真做好疾病防控工作。

幼儿园应当建立患病幼儿用药的委托交接制度，未经监护人委托或者同意，幼儿园不得给幼儿用药。幼儿园应当妥善管理药品，保证幼儿用药安全。

幼儿园内禁止吸烟、饮酒。

第二十一条　供给膳食的幼儿园应当为幼儿提供安全卫生的食品，编制营养平衡的幼儿食谱，定期计算和分析幼儿的进食量和营养素摄取量，保证幼儿合理膳食。

幼儿园应当每周向家长公示幼儿食谱，并按照相关规定进行食品留样。

第二十二条　幼儿园应当配备必要的设备设施，及时为幼儿提供安全卫生的饮用水。

幼儿园应当培养幼儿良好的大小便习惯，不得限制幼儿大小便的次数、时间等。

第二十三条　幼儿园应当积极开展适合幼儿的体育活动，充分利用日光、空气、水等自然因素及本地自然环境，有计划地锻炼幼儿肌体，增强身体的适应和抵抗能力。正常情况下，每日户外体育活动不得少于1小时。

幼儿园在开展体育活动时，应当对体弱或有残疾的幼儿予以特殊照顾。

第二十四条　幼儿园夏季要做好防暑降温工作，冬季要做好防寒保暖工作，防止中暑和冻伤。

第五章　幼儿园的教育

第二十五条　幼儿园教育应当贯彻以下原则和要求：

（一）德、智、体、美等方面的教育应当互相渗透，有机结合。

（二）遵循幼儿身心发展规律，符合幼儿年龄特点，注重个体差异，因人施教，引导幼儿个性健康发展。

（三）面向全体幼儿，热爱幼儿，坚持积极鼓励、启发引导的正面教育。

（四）综合组织健康、语言、社会、科学、艺术各领域的教育内容，渗透于幼儿一日生活的各项活动中，充分发挥各种教育手段的交互作用。

（五）以游戏为基本活动，寓教育于各项活动之中。

（六）创设与教育相适应的良好环境，为幼儿提供活动和表现能力的机会与条件。

第二十六条　幼儿一日活动的组织应当动静交替，注重幼儿的直接感知、实际操作和亲身体验，保证幼儿愉快地、有益地自由活动。

第二十七条　幼儿园日常生活组织，应当从实际出发，建立必要、合理的常规，坚持一贯性和灵活性相结合，培养幼儿的良好习惯和初步的生活自理能力。

第二十八条 幼儿园应当为幼儿提供丰富多样的教育活动。

教育活动内容应当根据教育目标、幼儿的实际水平和兴趣确定，以循序渐进为原则，有计划地选择和组织。

教育活动的组织应当灵活地运用集体、小组和个别活动等形式，为每个幼儿提供充分参与的机会，满足幼儿多方面发展的需要，促进每个幼儿在不同水平上得到发展。

教育活动的过程应注重支持幼儿的主动探索、操作实践、合作交流和表达表现，不应片面追求活动结果。

第二十九条 幼儿园应当将游戏作为对幼儿进行全面发展教育的重要形式。

幼儿园应当因地制宜创设游戏条件，提供丰富、适宜的游戏材料，保证充足的游戏时间，开展多种游戏。

幼儿园应当根据幼儿的年龄特点指导游戏，鼓励和支持幼儿根据自身兴趣、需要和经验水平，自主选择游戏内容、游戏材料和伙伴，使幼儿在游戏过程中获得积极的情绪情感，促进幼儿能力和个性的全面发展。

第三十条 幼儿园应当将环境作为重要的教育资源，合理利用室内外环境，创设开放的、多样的区域活动空间，提供适合幼儿年龄特点的丰富的玩具、操作材料和幼儿读物，支持幼儿自主选择和主动学习，激发幼儿学习的兴趣与探究的愿望。

幼儿园应当营造尊重、接纳和关爱的氛围，建立良好的同伴和师生关系。

幼儿园应当充分利用家庭和社区的有利条件，丰富和拓展幼儿园的教育资源。

第三十一条 幼儿园的品德教育应当以情感教育和培养良好行为习惯为主，注重潜移默化的影响，并贯穿于幼儿生活及各项活动之中。

第三十二条 幼儿园应当充分尊重幼儿的个体差异，根据幼儿不同的心理发展水平，研究有效的活动形式和方法，注重培养幼儿良好的个性心理品质。

幼儿园应当为在园残疾儿童提供更多的帮助和指导。

第三十三条 幼儿园和小学应当密切联系，互相配合，注意两个阶段教育的相互衔接。

幼儿园不得提前教授小学教育内容，不得开展任何违背幼儿身心发展规律的活动。

第六章　幼儿园的园舍、设备

第三十四条　幼儿园应当按照国家的相关规定设活动室、寝室、卫生间、保健室、综合活动室、厨房和办公用房等，并达到相应的建设标准。有条件的幼儿园应当优先扩大幼儿游戏和活动空间。

寄宿制幼儿园应当增设隔离室、浴室和教职工值班室等。

第三十五条　幼儿园应当有与其规模相适应的户外活动场地，配备必要的游戏和体育活动设施，创造条件开辟沙地、水池、种植园地等，并根据幼儿活动的需要绿化、美化园地。

第三十六条　幼儿园应当配备适合幼儿特点的桌椅、玩具架、盥洗卫生用具，以及必要的玩教具、图书和乐器等。

玩教具应当具有教育意义并符合安全、卫生要求。幼儿园应当因地制宜，就地取材，自制玩教具。

第三十七条　幼儿园的建筑规划面积、建筑设计和功能要求，以及设施设备、玩教具配备，按照国家和地方的相关规定执行。

第七章　幼儿园的教职工

第三十八条　幼儿园按照国家相关规定设园长、副园长、教师、保育员、卫生保健人员、炊事员和其他工作人员等岗位，配足配齐教职工。

第三十九条　幼儿园教职工应当贯彻国家教育方针，具有良好品德，热爱教育事业，尊重和爱护幼儿，具有专业知识和技能及相应的文化和专业素养，为人师表，忠于职责，身心健康。

幼儿园教职工患传染病期间暂停在幼儿园的工作。有犯罪、吸毒记录和精神病史者不得在幼儿园工作。

第四十条　幼儿园园长应当符合本规程第三十九条规定，并应当具有《教师资格条例》规定的教师资格、具备大专以上学历、有三年以上幼儿园工作经历和一定的组织管理能力，并取得幼儿园园长岗位培训合格证书。

幼儿园园长由举办者任命或者聘任，并报当地主管的教育行政部门备案。

幼儿园园长负责幼儿园的全面工作，主要职责如下：

（一）贯彻执行国家的有关法律、法规、方针、政策和地方的相关规定，负责建立并组织执行幼儿园的各项规章制度；

（二）负责保育教育、卫生保健、安全保卫工作；

（三）负责按照有关规定聘任、调配教职工，指导、检查和评估教师及其他工作人员的工作，并给予奖惩；

（四）负责教职工的思想工作，组织业务学习，并为他们的学习、进修、教育研究创造必要的条件；

（五）关心教职工的身心健康，维护他们的合法权益，改善他们的工作条件；

（六）组织管理园舍、设备和经费；

（七）组织和指导家长工作；

（八）负责与社区的联系和合作。

第四十一条　幼儿园教师必须具有《教师资格条例》规定的幼儿园教师资格，并符合本规程第三十九条规定。

幼儿园教师实行聘任制。

幼儿园教师对本班工作全面负责，其主要职责如下：

（一）观察了解幼儿，依据国家有关规定，结合本班幼儿的发展水平和兴趣需要，制订和执行教育工作计划，合理安排幼儿一日生活；

（二）创设良好的教育环境，合理组织教育内容，提供丰富的玩具和游戏材料，开展适宜的教育活动；

（三）严格执行幼儿园安全、卫生保健制度，指导并配合保育员管理本班幼儿生活，做好卫生保健工作；

（四）与家长保持经常联系，了解幼儿家庭的教育环境，商讨符合幼儿特点的教育措施，相互配合共同完成教育任务；

（五）参加业务学习和保育教育研究活动；

（六）定期总结评估保教工作实效，接受园长的指导和检查。

第四十二条　幼儿园保育员应当符合本规程第三十九条规定，并应当具备高中毕业以上学历，接受过幼儿保育职业培训。

幼儿园保育员的主要职责如下：

（一）负责本班房舍、设备、环境的清洁卫生和消毒工作；

（二）在教师指导下，科学照料和管理幼儿生活，并配合本班教师组织教育活动；

（三）在卫生保健人员和本班教师指导下，严格执行幼儿园安全、卫生保健制度；

（四）妥善保管幼儿衣物和本班的设备、用具。

第四十三条　幼儿园卫生保健人员除符合本规程第三十九条规定外，医师应当取得卫生行政部门颁发的《医师执业证书》；护士应当取得《护士执业证书》；保健员应当具有高中毕业以上学历，并经过当地妇幼保健机构组织的卫生保健专业知识培训。

幼儿园卫生保健人员对全园幼儿身体健康负责，其主要职责如下：

（一）协助园长组织实施有关卫生保健方面的法规、规章和制度，并监督执行；

（二）负责指导调配幼儿膳食，检查食品、饮水和环境卫生；

（三）负责晨检、午检和健康观察，做好幼儿营养、生长发育的监测和评价；定期组织幼儿健康体检，做好幼儿健康档案管理；

（四）密切与当地卫生保健机构的联系，协助做好疾病防控和计划免疫工作；

（五）向幼儿园教职工和家长进行卫生保健宣传和指导；

（六）妥善管理医疗器械、消毒用具和药品。

第四十四条　幼儿园其他工作人员的资格和职责，按照国家和地方的有关规定执行。

第四十五条　对认真履行职责、成绩优良的幼儿园教职工，应当按照有关规定给予奖励。

对不履行职责的幼儿园教职工，应当视情节轻重，依法依规给予相应处分。

第八章　幼儿园的经费

第四十六条　幼儿园的经费由举办者依法筹措，保障有必备的办园资金和稳定的经费来源。

按照国家和地方相关规定接受财政扶持的提供普惠性服务的国有企事业单位办园、集体办园和民办园等幼儿园，应当接受财务、审计等有关部门的监督检查。

第四十七条　幼儿园收费按照国家和地方的有关规定执行。

幼儿园实行收费公示制度，收费项目和标准向家长公示，接受社会监督，不得以任何名义收取与新生入园相挂钩的赞助费。

幼儿园不得以培养幼儿某种专项技能、组织或参与竞赛等为由，另外收取费用；不得以营利为目的组织幼儿表演、竞赛等活动。

第四十八条　幼儿园的经费应当按照规定的使用范围合理开支，坚持专款专用，不得挪作他用。

第四十九条　幼儿园举办者筹措的经费，应当保证保育和教育的需要，有一定比例用于改善办园条件和开展教职工培训。

第五十条　幼儿膳食费应当实行民主管理制度，保证全部用于幼儿膳食，每月向家长公布账目。

第五十一条　幼儿园应当建立经费预算和决算审核制度，经费预算和决算应当提交园务委员会审议，并接受财务和审计部门的监督检查。

幼儿园应当依法建立资产配置、使用、处置、产权登记、信息管理等管理制度，严格执行有关财务制度。

第九章　幼儿园、家庭和社区

第五十二条　幼儿园应当主动与幼儿家庭沟通合作，为家长提供科学育儿宣传指导，帮助家长创设良好的家庭教育环境，共同担负教育幼儿的任务。

第五十三条　幼儿园应当建立幼儿园与家长联系的制度。幼儿园可采取多种形式，指导家长正确了解幼儿园保育和教育的内容、方法，定期召开家长会议，并接待家长的来访和咨询。

幼儿园应当认真分析、吸收家长对幼儿园教育与管理工作的意见与建议。

幼儿园应当建立家长开放日制度。

第五十四条　幼儿园应当成立家长委员会。

家长委员会的主要任务是：对幼儿园重要决策和事关幼儿切身利益的事项提出意见和建议；发挥家长的专业和资源优势，支持幼儿园保育教育工作；帮助家长了解幼儿园工作计划和要求，协助幼儿园开展家庭教育指导和交流。

家长委员会在幼儿园园长指导下工作。

第五十五条　幼儿园应当加强与社区的联系与合作，面向社区宣传科学育儿知识，开展灵活多样的公益性早期教育服务，争取社区对幼儿园的多方面支持。

第十章　幼儿园的管理

第五十六条　幼儿园实行园长负责制。

幼儿园应当建立园务委员会。园务委员会由园长、副园长、党组织负责人和保教、卫生保健、财会等方面工作人员的代表及幼儿家长代表组成。园长任园务委员会主任。

园长定期召开园务委员会会议，遇重大问题可临时召集，对规章制度的建立、修改、废除，全园工作计划，工作总结，人员奖惩，财务预算和决算方案，以及其他涉及全园工作的重要问题进行审议。

第五十七条　幼儿园应当加强党组织建设，充分发挥党组织政治核心作用、战斗堡垒作用。幼儿园应当为工会、共青团等其他组织开展工作创造有利条件，充分发挥其在幼儿园工作中的作用。

第五十八条　幼儿园应当建立教职工大会制度或者教职工代表大会制度，依法加强民主管理和监督。

第五十九条　幼儿园应当建立教研制度，研究解决保教工作中的实际问题。

第六十条　幼儿园应当制订年度工作计划，定期部署、总结和报告工作。每学年年末应当向教育等行政主管部门报告工作，必要时随时报告。

第六十一条　幼儿园应当接受上级教育、卫生、公安、消防等部门的检查、监督和指导，如实报告工作和反映情况。

幼儿园应当依法接受教育督导部门的督导。

第六十二条　幼儿园应当建立业务档案、财务管理、园务会议、人员奖惩、安全管理及与家庭、小学联系等制度。

幼儿园应当建立信息管理制度，按照规定采集、更新、报送幼儿园管理信息系统的相关信息，每年向主管教育行政部门报送统计信息。

第六十三条　幼儿园教师依法享受寒暑假期的带薪休假。幼儿园应当创造条件，在寒暑假期间，安排工作人员轮流休假。具体办法由举办者制定。

第十一章　附则

第六十四条　本规程适用于城乡各类幼儿园。

第六十五条　省、自治区、直辖市教育行政部门可根据本规程，制订具体实施办法。

第六十六条　本规程自2016年3月1日起施行。1996年3月9日由原国家教育委员会令第25号发布的《幼儿园工作规程》同时废止。

模块二　幼儿园一日生活的初步组织

一、实践目标

（1）全面了解、熟悉幼儿园保教工作的基本内容和各个岗位的工作分配与衔接，加深对保教工作及其重要性的认识。

（2）熟悉幼儿园教师日常工作的内容，初步学习幼儿园一日常规活动的组织，初步形成幼教工作的基本能力。

（3）积极参与班级日常管理工作，协助班级教师，提高自身组织及保教能力。

（4）将所学的学前教育理论知识和技能综合运用于幼儿园保教工作实践，在实践中检验、巩固、提高、丰富所学理论知识和技能。

（5）初步进行实际操作和亲身体验，感受幼儿一日生活活动中的教育契机，充分利用各种教育契机对幼儿进行随机教育。

（6）密切结合幼儿的生活实际进行安全、卫生和保健教育，提高幼儿的自我保护意识和能力，把保护幼儿生命安全和促进幼儿身心健康放在工作的首位。

（7）树立正确的健康观念，在重视幼儿身体健康的同时，还要高度重视幼儿的心理健康。

二、实践内容

（1）明确幼儿一日生活的流程与环节，积极参与并尝试组织幼儿开展各项活动。

（2）观察幼儿一日活动的组织与安排，了解不同岗位教师在每个环节的岗位职责及注意事项。

（3）观察一日生活各环节中班级教师的相互配合，协助班级教师做好班级常规保教工作。

（4）学习如何尽量减少不必要的集体行动和过渡环节，减少和消除消极等待现象。

（5）观察幼儿园卫生保健和保育工作，积极协助班级教师做好班级保健保育工作。

（6）了解幼儿园突发事件的处理原则及技巧，并在实践过程中学习处理幼儿园常见安全问题的方法，记录突发事件应急处理的方法。

（7）了解幼儿日常卫生保健、常见病和传染病的卫生防护，增强保教实践能力，为成为一名合格的幼儿园教师做好准备。

幼儿个案观察小档案

亲爱的同学们，我们第二学期的实践学习开始啦！经过了一学期的实践学习，你们对幼儿园已经有了初步的整体了解，这学期我们将继续深入地了解幼儿园的一日生活活动。还记得你们上学期观察的那两位小朋友吗？你们打算继续观察他们吗？还是打算换两个小朋友来观察呢？

提示：继续第一学期的观察或者更换个案观察对象都是被允许的，若更换个案观察对象，应填写幼儿个案观察对象记录表（表格下载说明见本书前言）。每周入园实践结束时，请完成对应的观察记录。

任务一 幼儿入园环节的组织

本任务课件

1.实践总体要求

（1）实践指引

入园环节是幼儿园一日生活的重要组成部分，它不仅是开启幼儿一日生活活动的重要环节，也是师生进行个别化互动及对幼儿实施养成教育的有效途径，更是建立良好家园关系的宝贵契机。入园环节对幼儿、家长及教师都具有重大的影响和意义。温馨而有序的入园环节不但可以让幼儿感受到教师的关爱，还可以让家长对教师产生足够的信任，同时也可以让教师的一日工作有一个良好的开端。另外，温馨而有序的入园环节，能使幼儿身心愉悦，实现家园之间的无缝衔接，促进幼儿园保教质量的提高，增强幼儿园的安全管理。作为即将成为幼儿园教师的学前教育专业学生，我们不仅需要掌握幼儿园入园环节的工作内容及方法，还要理解幼儿园入园环节的重要性，为以后的工作打下良好的基础。

（2）实践目的

①了解各个岗位入园准备及晨间接待环节的常规工作内容。

②学习安抚不同年龄段幼儿不良情绪的方法。

③初步体验参与晨间活动的乐趣。

（3）实践内容

幼儿入园环节组织的实践内容、实践目标和要求见表2-1。

表 2-1 幼儿入园环节组织的实践内容、实践目标和要求

序号	实践内容	实践目标和要求
1	入园准备	掌握各个岗位在幼儿入园前的准备工作及内容
2	晨间接待	1.掌握各个岗位在晨间接待环节中的工作职责与具体内容。 2.了解幼儿入园时晨间检查的内容
3	幼儿不良情绪处理	安抚幼儿的不良情绪，了解引起幼儿不良情绪的原因
4	晨间活动组织	了解如何开展晨间活动，并积极参与晨间活动的组织

2.实践记录

幼儿入园环节的组织实践记录表见表2-2。

晨检异常情况处理

表2-2　幼儿入园环节的组织实践记录表

幼儿入园前的准备工作

晨间活动的名称

领域：

名称：

配班教师

晨间活动的组织

晨间活动的准备

晨间活动的内容

幼儿入园前的准备工作

主班教师

幼儿园入园环节

幼儿入园时间

接待工作

1.配合保健医生做好晨间检查的常规工作。

一问：

二看：

三摸：

四查：

五登记：

2.如何进行晨间接待工作：

保育员

幼儿入园前的准备工作

洗消工作内容

洗消方式

消毒液配比

配合协助的工作

（续表）

能否主动向教师问好：_____

能否主动向家长告别：_____

是否主动接受晨检和插放晨检标记：_____

1.有无哭闹的幼儿：_____

2.幼儿姓名：_____

3.你/教师是如何引导的：

是否独立背书包：_____

是否独立收纳外套：_____

幼儿入园的情绪

幼儿入园的常规

是否主动参与到晨间活动当中：_____

1.中、大班的小小值日生是否主动协助保育教师工作：_____

2.值日生的具体工作有哪些？

　　请你录制一段入园环节的精彩视频，应用小程序生成二维码并粘贴在这里，记得将原视频保存上传。

二维码粘贴处

录制的时间：

你的收获：

任务二　幼儿盥洗环节的组织

本任务课件

1.实践总体要求

（1）实践指引

《幼儿园教育指导纲要（试行）》明确提出："教育幼儿爱清洁、讲卫生，注意保持个人和生活场所的整洁和卫生。"可见，盥洗环节在幼儿一日生活中的重要性。幼儿园的盥洗环节主要包括洗手、漱口、洗脸、梳头四个方面的内容，其中洗手是最频繁的一项活动。对于幼儿来说，从小养成良好的生活卫生习惯对其一生的健康都有着至关重要的影响。那么，我们如何才能实现幼儿对盥洗环节的认知，并激发幼儿对盥洗环节的兴趣，进而使其养成良好的生活卫生习惯呢？一方面，教师必须要明确幼儿园盥洗环节的内容与要求；另一方面，教师还要明确盥洗环节幼儿应达到的具体目标。这样，教师才能在盥洗活动中给予幼儿有效的帮助和指导，促进幼儿良好的个人生活卫生习惯的形成，促进幼儿的身心健康发展。

（2）实践目的

①掌握盥洗环节的流程和各岗位教师在盥洗环节的工作职责。

②了解盥洗环节易出现的问题并初步掌握对应的处理方法。

③理解盥洗环节的重要性及其蕴含的教育价值。

（3）实践内容

幼儿盥洗环节组织的实践内容、实践目标和要求见表2-3。

表 2-3　幼儿盥洗环节组织的实践内容、实践目标和要求

序号	实践内容	实践目标和要求
1	盥洗环节的流程与组织	1.掌握各岗位教师在幼儿盥洗环节中的职责与具体工作内容。 2.初步掌握在盥洗环节中对幼儿的常规要求和指导要点。 3.在指导教师的指导下能够独立组织一次盥洗活动
2	创建安全、卫生的盥洗环境	1.观察幼儿园盥洗室的环境创设。 2.了解盥洗室内洗消物品的摆放与分类标记的方法。 3.协助保育员进行盥洗环节的卫生清扫与物品整理

2.实践记录

幼儿盥洗环节的组织实践记录表见表2-4。

七步洗手法

表2-4　幼儿盥洗环节的组织实践记录表

盥洗环节

主班教师
- 1.如何组织幼儿进行洗手？
- 2.对洗完手的幼儿又是如何组织的呢？

保育员
- 协助工作
- 安全卫生工作
  - 前期准备工作
  - 后续整理工作
    - 地面要求：1.地面是否干净　无大片水渍；2.毛巾是否洗消；3.香皂是否充足
    - 洗手池、台面的要求：
    - 镜子的要求：
    - 香皂盒的要求：

配班教师
- 如何配合主班教师？
  1.配班教师的站位：
  2.组织幼儿：
  3.提醒幼儿：
  4.观察幼儿：

幼儿
- 洗手常规
  1.排队有序洗手。
- 七步洗手法
  1.
  2.
  3.
  4.
  5.
  6.
  7.
- 幼儿秩序敏感期
  有小朋友打小报告，说某小朋友不排队或者没有认真洗手了吗？你会怎么解决这些"小插曲"呢？

（续表）

请你创编或摘录一首关于洗手的儿歌或者手指游戏。

要求：篇幅短小，方便记忆；动作简单，方便操作，适用于幼儿。

范例：

《七步洗手歌》

两个小朋友，手碰手。

你背背我，我背背你。

来了一只小螃蟹，小螃蟹。

举起两只大钳子，大钳子。

我和螃蟹点点头，点点头。

螃蟹和我握握手，握握手……

请你录制一段盥洗环节的精彩视频，应用小程序生成二维码并粘贴在这里，记得将原视频保存上传。

二维码粘贴处

录制的时间：

你的收获：

任务三 幼儿进餐环节的组织

本任务课件

1.实践总体要求

（1）实践指引

幼儿园里的进餐环节包括一日三餐两点，它是幼儿在园生活的重要组成部分。健康且合理的饮食安排不仅能满足幼儿生理需求并促进幼儿健康成长，还能培养幼儿良好的饮食习惯和养成良好的生活习惯。餐前的值日生工作和餐后的自我清洁服务有助于发展幼儿的自理能力。愉快的进餐情绪对幼儿的身体健康有益，教师应尽量为幼儿营造一种轻松、愉快的进餐环境；坚持培养幼儿良好的进餐习惯，引导幼儿做好个人进餐卫生，学会自己洗手、擦嘴、漱口；指导幼儿正确使用餐具、独立进餐；还应关注幼儿的年龄特点与个体差异，引导幼儿了解各种食物的营养知识，指导幼儿适量进食，引导幼儿尽量做到不挑食、不偏食，对个别有不良进餐习惯的幼儿能提供有针对性的帮助和指导。

（2）实践目的

①了解幼儿进餐环节的流程、常规要求及注意事项。

②了解幼儿健康饮食的要点，并掌握培养幼儿进餐常规化的方法。

③理解进餐环境对幼儿进餐的重要性。

（3）实践内容

幼儿进餐环节组织的实践内容、实践目标和要求见表2-5。

表2-5 幼儿进餐环节组织的实践内容、实践目标和要求

序号	实践内容	实践目标和要求
1	进餐环节的流程与组织	1.掌握各岗位教师在幼儿进餐环节前、中、后的具体工作内容。 2.了解幼儿进餐环节的流程及其注意事项。 3.了解在进餐环节中对幼儿进行常规培养的具体内容
2	创设卫生、温馨的进餐环境	1.了解幼儿餐具洗消的步骤并协助保育员进行餐后的卫生清扫和整理工作。 2.了解为幼儿创设安全、卫生、温馨的进餐环境的方法。 3.协助班级教师进行幼儿部分进餐环节的组织

2.实践记录

幼儿进餐环节的组织实践记录表见表2-6。

进餐流程

表2-6 幼儿进餐环节的组织实践记录表

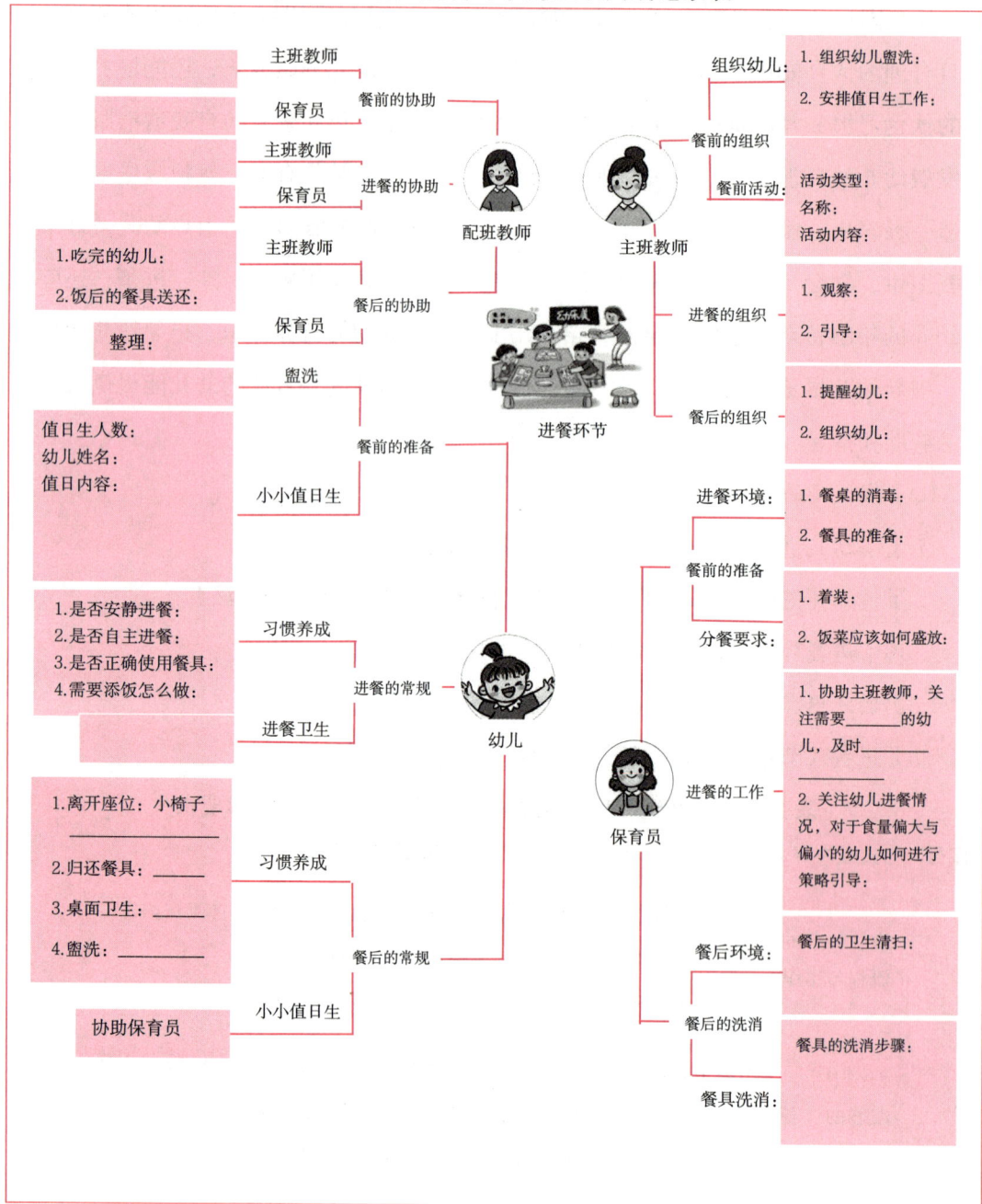

主班教师 — 餐前的协助 — 配班教师

保育员

主班教师 — 进餐的协助

保育员

1.吃完的幼儿：
2.饭后的餐具送还：
整理： — 主班教师 — 餐后的协助 — 配班教师

保育员

盥洗

值日生人数：
幼儿姓名：
值日内容： — 小小值日生 — 餐前的准备

1.是否安静进餐：
2.是否自主进餐：
3.是否正确使用餐具：
4.需要添饭怎么做： — 习惯养成 — 进餐的常规 — 幼儿

进餐卫生

1.离开座位：小椅子_____
2.归还餐具：_____
3.桌面卫生：_____
4.盥洗：_____ — 习惯养成 — 餐后的常规

协助保育员 — 小小值日生

进餐环节

组织幼儿： — 1.组织幼儿盥洗；
2.安排值日生工作：

餐前的组织

餐前活动 — 活动类型：
名称：
活动内容：

进餐的组织 — 1.观察：
2.引导：

餐后的组织 — 1.提醒幼儿：
2.组织幼儿：

主班教师

进餐环境： — 1.餐桌的消毒：
2.餐具的准备：

餐前的准备

分餐要求： — 1.着装：
2.饭菜应该如何盛放：

进餐的工作 — 1.协助主班教师，关注需要_____的幼儿，及时_____

2.关注幼儿进餐情况，对于食量偏大与偏小的幼儿如何进行策略引导：

餐后环境： — 餐后的卫生清扫：

餐后的洗消

餐具洗消： — 餐具的洗消步骤：

保育员

（续表）

请你分享一张你协助班级老师组织幼儿进行进餐的照片吧！

照片粘贴处

请你录制一段进餐环节的精彩视频，应用小程序生成二维码并粘贴在这里，记得将原视频保存上交。

二维码粘贴处

录制的时间：

你的收获：

⭐ 任务四　幼儿饮水环节的组织

本任务课件

1.实践总体要求

（1）实践指引

幼儿在园能否主动饮水、每天的饮水量是否适宜，都会直接影响到他们身体的正常发育和健康成长。幼儿在园的饮水问题，成为家长普遍关心的热点问题之一。饮水对幼儿的健康非常重要。中国营养学会对幼儿每日饮水量的建议是，2~3岁幼儿每天饮水量为600~700毫升，4~5岁幼儿每天饮水量为700~800毫升，5~7岁幼儿每天饮水量为800毫升。正常人体中60%~70%是水分，而幼儿身体中的水分会占到85%以上，因此幼儿每天要有充足的水分摄入才能满足他们身体新陈代谢和生长发育的需求。幼儿教师要根据幼儿的年龄特点与身体发育需要，科学地引导幼儿进行水分补充。保教人员可针对幼儿在饮水环节出现的问题，进行有针对性的引导，帮助幼儿掌握正确地取放杯子、接水、饮水的方法和要领。另外，还可组织丰富的生活活动，培养幼儿主动饮水、科学饮水的意识和良好的行为习惯。

（2）实践目的

①知道幼儿饮水环节各岗位教师的工作内容。

②掌握幼儿饮水环节的基本流程、常规要求及注意事项。

③理解创设健康、安全的饮水环境的重要性。

（3）实践内容

幼儿饮水环节组织的实践内容、实践目标和要求见表2-7。

表2-7　幼儿饮水环节组织的实践内容、实践目标和要求

序号	实践内容	实践目标和要求
1	饮水环节的流程与组织	1.明确各个岗位教师在幼儿饮水环节中的具体分工。 2.知道幼儿在饮水环节中的常规要求。 3.掌握幼儿按需饮水的原则并观察幼儿在饮水环节易出现的问题
2	创设健康、安全的饮水环境	1.观察幼儿饮水环境的创设情况并记录班级饮水用品每日清洁、消毒的情况。 2.协助保育员进行水杯及其他饮水用具的清洗、消毒、整理工作。 3.知道幼儿一日的科学饮水量及依据

2.实践记录

幼儿饮水环节的组织实践记录表见表2-8。

七步洗手法儿歌

表 2-8　幼儿饮水环节的组织实践记录表

主班教师
- 组织幼儿饮水
  - 饮水环节的组织
  - 幼儿饮水常规要求
    - 分组／集体：
    - 组织过程：
- 幼儿
  - 饮水环节的衔接活动
    - 针对提前完成饮水环节的幼儿，教师是如何进行衔接的：
  - 活动的开展
    - 活动形式：
    - 活动名称：
    - 活动内容摘录：

保育员
- 饮水环节的准备工作
  - 卫生、安全
    - 1.杯子是否洗消：
    - 2.杯架是否擦拭、消毒：
    - 3.桌面是否擦拭：
    - 4.桌面的擦拭抹布是否准备：
    - 5.饮用水是否准备充分：
- 饮水环节的配合
  - 观察幼儿
    - 1.接水量：
    - 2.饮水情况：
    - 3.送还情况：
  - 协助个别幼儿
- 饮水环节的洗消
  - 洗消的工具
  - 洗消环节的步骤

配班教师
- 上午
  - 饮水的次数：
  - 时间：
  - 饮水量：

幼儿
- 下午
  - 饮水的次数：
  - 时间：
  - 饮水量：

配班教师
- 饮水环节的协助工作
  - 协助主班教师
    1. 组织幼儿饮水：
    2. 协助主班教师进行衔接活动：
  - 幼儿
    - 引导幼儿：
    - 观察幼儿：
  - 协助保育员
    - 组织值日生进行整理工作：

幼儿
- 饮水环节的常规要求
  - 良好饮水习惯
    1. 是否能够有序排队、耐心等待：
    2. 是否能够按照标记正确取放自己的水杯：
    3. 喝完水是否能够自主送还：
    4.中、大班的幼儿能否自主量接水：
    1.不玩水杯：
    2.双手端杯：
    3.不边走边喝：
    4.不浪费水：
    5.水杯里面不存水：
    6.中、大班的幼儿能否自主接水：
- 饮水环节常见的问题及指导
  - 1.幼儿姓名：
  - 2.幼儿年龄：
  - 3.情景再现：
  - 4.引导策略：

（续表）

请你将饮水环节录制成一段精彩的视频，应用小程序生成二维码并粘贴在这里，记得将原视频保存上交。

二维码粘贴处

录制的时间：

你的收获：

❤ 任务五　幼儿如厕环节的组织

本任务课件

1.实践总体要求

（1）实践指引

幼儿园开展如厕环节教育应注意以下几个方面：首先，满足幼儿正常的生理排泄需要，保障幼儿身体健康；其次，帮助幼儿学习并掌握如厕的基本技能，实现如厕的自理；最后，帮助幼儿了解如厕行为与身心健康的关系，让幼儿遵守如厕常规，养成一系列关于如厕的健康行为习惯，促进其身心健康发展。在如厕环节，除了对幼儿进行自理能力培养外，对幼儿进行性别教育也具有重要的意义。需要强调的是，幼儿如厕及其后的盥洗环节，都是比较容易发生意外情况的时段。因此，教师和保育员在保证幼儿安全的前提下，也要适时地进行安全教育。

（2）实践目的

①了解幼儿如厕环节各岗位教师的工作内容。

②了解幼儿如厕环节的常规要求及注意事项。

③掌握幼儿如厕环境的创设要点。

（3）实践内容

幼儿如厕环节组织的实践内容、实践目标和要求见表2-9。

表 2-9　幼儿如厕环节组织的实践内容、目标和要求

序号	实践内容	实践目标和要求
1	如厕环节的流程与组织	1.了解各岗位教师在幼儿如厕环节前、中、后的具体工作内容。 2.了解幼儿在如厕环节中的常规要求。 3.引导和帮助幼儿按需如厕及便后的衣裤整理。 4.观察幼儿在如厕环节出现的问题，并尝试协助、引导
2	创设温馨、卫生的如厕环境	1.观察幼儿如厕环境的创设及每日的清洁、消毒工作。 2.协助保育员进行幼儿如厕环节的卫生清洁及整理工作

2.实践记录

幼儿如厕环节的组织实践记录表见表2-10。

如厕流程

表2-10 幼儿如厕环节的组织实践记录

- **主班教师**
  - 主班教师的站位
  - 如厕环节的组织
    - 讲解如厕常规
    - 如何分配幼儿进行如厕
  - 如厕环节的衔接
    - 活动类型
    - 活动名称
    - 活动内容

- **保育员**
  - 幼儿如厕环境准备 —— 卫生
    - 1. 地面是否干净、无水渍
    - 2. 便池是否清洗干净、消毒，无污渍
    - 3. 是否保持通风
  - 幼儿如厕分工配合 —— 站位
    - 引导、协助个别幼儿
    - 消毒液的配比
      - 1. 卫生习惯：
      - 2. 排队：
      - 3. 衣物：
  - 幼儿如厕后的整理
    - 卫生间
    - 盥洗室

- **配班教师**
  - 协助主班教师 —— 如厕环节的协助
    - 1. 如何组织幼儿如厕：
    - 2. 如厕后的幼儿组织：
  - 协助保育员
  - 如厕常规
    - 卫生常规
      - 1. 女生小便后是否擦阴部：
      - 2. 如厕后冲水：____；
      - 3. 如厕后是否有序洗手：____。
    - 安全常规
      - 1. 如厕前是否有序排队：
      - 2. 如厕时是否安静、有序等待：____。

- **幼儿**
  - 大部分幼儿 —— 自理能力
    - 1. 是否能够按需如厕：
    - 2. 中、大班的幼儿是否能够自主擦屁股：
    - 3. 是否自主整理衣裤：
    - 4. 便后是否主动洗手：____。
  - 个别幼儿
    - 如厕环节中有突发的小状况吗？你是如何引导的？

任务六　幼儿午睡环节的组织

本任务课件

1.实践总体要求

（1）实践指引

午睡环节是幼儿园一日生活中不可或缺的环节，具有承上启下的作用。相对于一日生活的其他环节，午睡环节所占的时间比较长，要求周围环境相对安静，以保证幼儿高质量地睡眠。午睡对于幼儿来说十分重要，一方面，通过午睡可以帮助幼儿消除上午各种活动带来的疲劳，让幼儿的体力得到恢复，促进幼儿身体的生长发育；另一方面，午睡环节还可以让幼儿养精蓄锐，为下午的幼儿园活动积蓄能量。作为一名合格的幼儿教师，保证幼儿良好的睡眠质量，是我们义不容辞的责任。因此，幼儿教师要明确午睡中不同年龄段幼儿的生理发展特点和需求，为幼儿创设适宜的午睡环境，关注幼儿午睡环节的安全问题，采用温馨有趣的指导策略，充分发掘午睡环节在幼儿成长过程中的特殊教育价值。

（2）实践目的

①了解幼儿午睡环节各岗位教师的工作内容。

②掌握幼儿午睡环节的流程及常规要求。

③了解午睡环节易出现的问题及处理方法。

④增强对午睡环境创设的认识。

（3）实践内容

幼儿午睡环节组织的实践内容、实践目标和要求见表2-11。

表 2-11　幼儿午睡环节组织的实践内容、实践目标和要求

序号	实践内容	实践目标和要求
1	午睡环节的流程与组织	1.了解各岗位教师在幼儿午睡环节中的具体工作内容。 2.了解幼儿午睡环节中的常规要求。 3.了解幼儿冬、夏季节的午睡时间安排。 4.观察幼儿在午睡环节中出现的问题并尝试协助引导。 5.了解值班教师在幼儿午睡环节需要巡视的内容
2	创设安全、温馨的午睡环境	1.了解幼儿园午睡环境创设的主要内容。 2.协助保育员进行午睡环境的清洁、被褥的收整工作

2.实践记录

幼儿午睡环节的组织实践记录表见表2-12。

幼儿午睡起床

表2-12　幼儿午睡环节的组织实践记录表

组织幼儿:
协助做好幼儿午睡前的准备:
检查幼儿

组织值日生:
配合保育员:

1.一听: _____
　二看: _____
　三摸: _____
　四做: _____
2.幼儿衣物的摆放: _____
3.幼儿的睡眠质量: _____
4.睡觉的姿势是否正确: _____

如何协助难以入睡的幼儿: _____

1.协助主班教师:
2.协助保健医生:
3.协助保育员:

1. 幼儿如厕情况:
2.幼儿自主脱衣服、鞋袜及个人衣物的叠放情况:
3.女生头绳、发卡存放情况:
4.幼儿是否携带无关物品上床:

1.不嬉戏、打闹,保持安静:
2.保持良好的睡姿:
3.自主入睡:
4.提前睡醒不打扰他人:

1.幼儿情绪:
2.幼儿穿衣情况:

协助主班教师
协助保育员
午睡前

巡视
午睡中

协助难以入睡的幼儿

协助工作　午睡后

准备工作

午睡前

午睡中

幼儿

午睡后

配班教师

组织幼儿
检查幼儿
午睡前

讲解午睡常规

主班教师

午睡中

午睡后　组织起床

午检　午检内容:

班级幼儿数:
女生数:

1. 人数:
2. 口袋:
3. 嘴巴:

环境创设
午睡前

1. 是否根据季节调整室内温度: _____
2. 是否拉上窗帘营造午睡氛围:
3.地面是否干净、无异物: _____

午睡中

保育员

洗消工作

午睡后

收整工作

夏季午睡时间: _____
夏季起床时间: _____

冬季午睡时间: _____
冬季起床时间: _____

（续表）

请你将午睡环节的组织过程录制成一段精彩的视频，应用小程序生成二维码并粘贴在这里，记得将原视频保存上交。

二维码粘贴处

录制的时间：

你的收获：

任务七　幼儿集体教学活动的组织

本任务课件

1.实践总体要求

（1）实践指引

幼儿园教育对幼儿的健康成长具有不可替代的作用，无论是生活常规教育还是各种形式的教学活动都是幼儿园教育不可缺少的部分。对于幼儿教师来说，日常集体教学活动的组织是整个教育工作中极其关键的一个环节。为幼儿提供良好的教育需要教师制订完整的教学计划，同时在教学计划中可以引入一些幼儿感兴趣的教学环节，为幼儿设计具有创造性的活动，并鼓励幼儿积极参与，在活动中提高积极性，培养幼儿的创造力。幼儿在参加活动时，教师要鼓励他们对事物进行积极探索，以提高幼儿对新事物的求知欲，在安全的前提下，鼓励幼儿探索新事物。

（2）实践目的

①了解幼儿园集体教学活动的流程及教育价值。

②掌握集体教学环节对幼儿的常规要求及培养幼儿常规的方法。

③能够有意识和主动地协助班级教师开展集体教学活动。

（3）实践内容

幼儿集体教学活动组织的实践内容、实践目标和要求见表2-13。

表2-13　幼儿集体教学活动组织的实践内容、实践目标和要求

序号	实践内容	实践目标和要求
1	集体教学活动的组织	1.了解幼儿集体教学活动的组织过程。 2.知道集体教学活动组织过程中的注意事项
2	集体教学活动常规的培养	1.了解集体教学活动对幼儿的常规要求。 2.协助班级教师培养幼儿集体教学活动的常规

2.实践记录

幼儿集体教学活动的组织实践记录表见表2-14。

表 2-14　幼儿集体教学活动的组织实践记录表

活动时长：　　　　　　　　　　活动名称：

主班教师　**组织**

配班教师　**辅助**

主班、配班老师工作分工：
活动前的准备：＿＿＿＿＿＿＿＿＿＿＿＿＿＿＿＿＿＿＿＿＿＿＿；

活动中的师生互动情况：＿＿＿＿＿＿＿＿＿＿＿＿＿＿＿＿＿＿；

活动结束的方式：＿＿＿＿＿＿＿＿＿＿＿＿＿＿＿＿＿＿＿＿＿；

在整个过程中，我做了哪些协助性的工作：＿＿＿＿＿＿＿＿＿＿
＿＿＿＿＿＿＿＿＿＿＿＿＿＿＿＿＿＿＿＿。

幼儿

教学活动的常规

1. 能否积极、愉快地参加各种学习活动：＿＿＿＿＿＿＿；

2. 能否认真听讲、积极举手发言、大胆且大声地回答问题：＿＿＿＿＿＿；

3. 能否有良好的坐姿、举手姿势、站姿：＿＿＿＿＿＿；

4. 能否注意倾听教师和同伴的讲话并自信地回答问题：＿＿＿＿＿＿；

5. 能否注意观察和学习同伴的经验，积极与大家讨论问题：＿＿＿＿＿＿。

📌 任务八　幼儿离园环节的组织

本任务课件

1.实践总体要求

（1）实践指引

离园环节是幼儿在园一日生活的最后一个环节，这个环节包括离园前的安静游戏、离园前的整理工作和离园时的礼貌道别，是对幼儿生活进行常规培养和社会性教育的良好时机。首先，要求幼儿安静有秩序地进行离园活动，是一种常规性训练，有利于培养幼儿安静有序的活动常规；其次，教师有计划地组织幼儿进行离园整理，包括情绪情感的整理、仪容仪表的整理和离园物品的整理等，帮助幼儿梳理一天的活动和收获，对幼儿获得情感认知和情绪体验、提高自我服务技能和生活能力都具有重要的意义；再次，幼儿在离园时跟老师、小朋友说"再见"，幼儿的日常礼仪行为得到了巩固，有助于幼儿社会性的发展；最后，离园环节也是进行家园沟通的重要时机，教师会根据当天幼儿在园情况有针对性地同每位家长进行及时且必要的简短沟通，减少家园信任危机等情况的出现。

（2）实践目的

①了解离园环节的流程及注意事项。

②了解离园环节各岗位教师的工作内容及常规要求。

③了解离园环节教师与家长沟通的内容与方法。

（3）实践内容

幼儿离园环节组织的实践内容、实践目标和要求见表2-15。

表2-15　幼儿离园环节组织的实践内容、实践目标和要求

序号	实践内容	实践目标和要求
1	离园环节的流程与组织	1.了解各岗位教师在离园环节中的具体工作内容。 2.了解并记录幼儿在离园环节中的常规要求。 3.学习在离园环节中教师与家长的沟通技巧。 4.观察幼儿在离园环节易出现的问题并尝试进行协助与引导
2	创设安全、有序的离园环境	1.掌握幼儿离园后班级环境的清洁与消毒等常规工作。 2.协助班级教师进行离园环节的整理工作。 3.协助班级教师进行离园环节的家长工作

2.实践记录

幼儿离园环节的组织实践记录表见表2-16。

离园环节的家长工作

表2-16 幼儿离园环节的组织实践记录表

主班教师

各岗位教师离园时的整理工作

主班教师:
1.当值教师：
2.幼儿总人数：
缺勤人数：
缺勤原因（因病/因事/其他）：
3.幼儿健康状况：
4.幼儿就餐情况：
5.幼儿离园安全：
实出勤人数：
幼儿情绪：

配班教师 —— 自查 / 协助保育员

整理班级物品（配班教师——自查）
1.门窗、水电是否关好：
2.生活垃圾是否清理：
3.是否开启紫外线消毒灯进行消毒：

整理班级物品（协助保育员）
打扫班级卫生：
交接班记录填写：

1.区域：
2.教具：

保育员 —— 自查 / 清洁、消毒

清洁、消毒：
1.盥洗室是否整理干净（地面无积水、台面整洁、镜子无印痕等）：
2.卫生间是否地面无积水、便池洗消无异味：
3.洗消工具是否按照规定整理放好：
4.幼儿的毛巾是否进行了清洗和消毒：
5.幼儿的毛巾架是否擦拭干净：
6.幼儿的水杯架是否进行了清洗和消毒：
7.幼儿的水杯是否擦拭干净：
8.班级的地面、寝室地面是否擦干净：
9.教师离园前是否对班级进行消毒（消毒液的喷洒消毒液配比：   ）：
10.今日重点消毒工作的内容（是否）：
达成：

67

（续表）

请记录你在离园环节协助班级教师开展的工作内容吧！

协助班级教师开展的工作内容	注意事项

请你将离园环节录制成一段精彩的视频，应用小程序生成二维码并粘贴在这里，记得将原视频保存上交。

二维码粘贴处

录制的时间：

你的收获：

任务九　幼儿一日生活过渡环节的组织

本任务课件

1.实践总体要求

（1）实践指引

幼儿园一日活动包括生活活动、教育活动、户外活动、区域活动等内容。在一项活动结束而下一项活动未开始之前，会出现一部分空档时间，这一部分时间被称为过渡环节。过渡环节是幼儿园一日活动的有机组成部分，教师在过渡环节的组织中起着至关重要的作用。教师如果组织不好过渡环节，幼儿往往就会无所事事、情绪烦躁，很容易出现消极等待现象，也容易出现安全隐患。这就要求教师要把一日生活看作一个教育的整体，遵照"生活即教育"的理念，发挥过渡环节与其他活动的互补作用，掌握过渡环节的组织技巧，让幼儿的一日生活各环节之间自然过渡。教师在组织过渡环节时，应做到在生活中学习、在游戏中学习、教育联系生活，科学合理地安排过渡环节，最终能够优化一日生活，使幼儿身心得到全面发展。

（2）实践目的

①了解过渡环节的内容及形式。

②了解过渡环节易出现的问题及应对方法。

③掌握过渡环节的组织方法及技巧。

（3）实践内容

幼儿一日生活过渡环节组织的实践内容、实践目标和要求见表2-17。

表2-17　幼儿一日生活过渡环节组织的实践内容、实践目标和要求

序号	实践内容	实践目标和要求
1	过渡环节的形式与内容	1.观察过渡环节中教师开展的活动内容。 2.观察教师在组织过渡环节运用的方式
2	过渡环节的组织	1.设计安全、科学、合理、有衔接性的过渡环节。 2.了解幼儿在过渡环节易出现的问题及应对方法。 3.积极协助教师开展过渡环节的组织

2.实践记录

幼儿一日生活过渡环节的组织实践记录表见表2-18。

过渡环节

表2-18 幼儿一日生活过渡环节的组织实践记录表

幼儿一日生活过渡环节

主班教师：　　　　　　　　配班教师：

过渡环节的组织内容与客与协助工作

幼儿园　　　班 一日生活作息时间安排表	
时间	环节

①　②　③　④　⑤　⑥　⑦

（续表）

请你录制一段过渡环节的精彩视频，应用小程序生成二维码并粘贴在这里，记得将原视频保存上交。

二维码粘贴处

录制的时间：

你的收获：

★ 任务十　了解班级卫生保健工作

本任务课件

1.实践总体要求

（1）实践指引

《幼儿园教育指导纲要（试行）》明确指出：幼儿园必须把保护幼儿的生命和促进幼儿的健康放在工作的首位，幼儿园卫生保健工作是幼儿园工作的重要组成部分，是幼儿园管理的首要任务，是提高幼儿健康水平的重要环节。幼儿园卫生保健工作的对象是学前儿童，他们正处于发育的关键期，生长发育迅速，但身体发育尚未完善，对环境、季节的变化及传染病的抵抗力较弱。作为教师应重视、积极落实《幼儿园教育指导纲要（试行）》相关要求，注重一日的洗消工作和卫生环境的创设，积极配合保健医做好幼儿每一学期的体检及预防接种工作，耐心细致地管理、照顾幼儿一日生活，全面、准确地把握本班幼儿的生理特点，加强对体弱幼儿的照顾，做到发现异常及时进行处理。教师要督促、引导幼儿做好个人卫生保健工作，并积极联合家长共同培养幼儿良好的生活卫生习惯，做好卫生保健知识的普及。

（2）实践目的

①正确认识卫生保健工作对于幼儿的重要性。

②了解幼儿园常见的消毒方法与日常的消毒工作流程。

③了解保健医生在幼儿卫生保健中的重要地位与工作内容。

（3）实践内容

了解班级卫生保健工作的实践内容、实践目标和要求见表2-19。

表2-19　了解班级卫生保健工作的实践内容、实践目标和要求

序号	实践内容	实践目标和要求
1	班级卫生保健工作的开展	1.观察教师对幼儿进行"三检"的过程。 2.了解幼儿一日生活中卫生保健的内容。 3.重点学习幼儿园常见的消毒方法与日常消毒工作流程
2	班级卫生环境的设施摆放	1.了解创设安全、健康的卫生环境的方法及注意事项。 2.了解各种消毒用品的使用区域及合理的摆放位置。 3.协助班级教师开展日常卫生保健工作

2.实践记录

幼儿园日常班级消毒工作实践记录表见表2-20。

表2-20　幼儿园日常班级消毒工作实践记录表

保育员：

开展清洗和消毒的时间：

消毒液的配比：

传染病高发期消毒液的配比：

相对应的一日生活环节	消毒对象	消毒方法	消毒要求
幼儿入园前的准备工作	1.室内空气（教室、寝室、办公室等）；2.室内与室外的门、窗、柜。	消毒工具： 消毒方法：	
盥洗环节		消毒工具： 消毒方法：	
如厕环节		消毒工具： 消毒方法：	
饮水环节		消毒工具： 消毒方法：	

（续表）

相对应的一日生活环节	开展清洗和消毒的时间	消毒对象	消毒方法	消毒要求
进餐环节			消毒工具： 消毒方法：	
午睡环节			消毒工具： 消毒方法：	
户外活动环节			消毒工具： 消毒方法：	
离园后的整理、洗消工作			消毒工具： 消毒方法：	

（续表）

将你协助开展的卫生保健工作的内容用照片的方式记录下来吧！（可将多张照片自由拼接后打印出来粘贴）

将保育员在某一区域或某一环节的洗消工作内容录制成一段精彩的视频，应用小程序生成二维码并粘贴在这里，记得将原视频保存上交。

二维码粘贴处

录制时间：

你的收获：

任务十一　了解幼儿园安全工作

本任务课件

1.实践总体要求

（1）实践指引

幼儿园安全是一项任重而道远的工作。做好幼儿园安全管理工作是开展幼儿园保教工作的前提，也是培养幼儿健康成长的保证。加强幼儿园安全管理，必须要全员参与、时时负责、全面管理、心细如发、防范在先、坚持原则。幼儿园各部门除了对园区环境、设施设备、教具器材的自检、自查、排查外，还需将安全贯穿于幼儿一日生活当中，对幼儿实施安全教育及安全演练，培养幼儿安全意识，使幼儿懂得自我保护，以避免事故的发生。此外，幼儿教师要重视家园共育，培养家长的安全意识，在教育活动计划中安排有关安全教育的主题活动，使安全工作双边开展、相互衔接，确保幼儿在园安全与健康成长，有效促进幼儿园健康、和谐发展。

（2）实践目的

①知道安全工作始终贯穿于幼儿的一日生活当中。

②了解幼儿园安全工作在园所和班级的实施开展情况。

③了解幼儿园、班级中各个区域采取的安全防护措施。

（3）实践内容

了解幼儿园安全工作的实践内容、实践目标和要求见表2-21。

表2-21　了解幼儿园安全工作的实践内容、实践目标和要求

序号	实践内容	实践目标和要求
1	幼儿园各区域安全工作	1.认识幼儿园各个区域的安全标识。 2.记录园区内各个区域和设施设备所采取的安全措施。 3.了解消防器材的位置与使用方法
2	幼儿园的设施安全	1.观察幼儿园大型器械与楼梯、栏杆等安全防护措施。 2.了解幼儿园配备的基本安全器材。 3.拍摄园区各个区域和设施设备的安全标识。 4.协助班级教师排查幼儿园各区域的安全隐患

2.实践记录

幼儿园活动室外部、园区安全工作实践记录表见表2-22和表2-23。

幼儿园安全管理
制度

表 2-22　活动室外部安全工作实践记录表

范围	区域	具体内容	采取的安全措施
教学楼	楼梯	楼梯扶手	
		台阶	
		地面	
		安全引导标识	是/否粘贴；标识内容：
		护栏	
	走廊	安全知识（家园共育栏）	是/否粘贴；本周的安全内容：
		安全通道与安全引导标识	是/否粘贴；标识内容：
			每层走廊安置的消防设备数量：是否按规定摆放，无遮挡，标记明显；是否定期进行消防器材的压力检查和更换：

表 2-23　　幼儿园园区安全工作实践记录表

范围	区域	具体内容	采取的安全措施
户外	操场	地面	
		戏沙池	
		戏水池	
		种植区	
	大型活动器材（玩具、器械） （大型玩具的数量：　　）	地面	
		器材的安全防护	
园区大门	传达室 每日执勤的安保人员人数： （　　）	接送安全	
		防恐防暴器材	

（续表）

　　请将你发现的园区某处存在的安全隐患用照片的方式记录下来，并给出相应的调整建议。对于照片请标注区域、具体内容。（可将多张照片自由拼接后打印出来叠加粘贴）

　　具体调整措施建议：

任务十二　了解幼儿园传染病的预防与处理

本任务课件

1.实践总体要求

（1）实践指引

幼儿正处于生长发育时期，身体部分机能尚不成熟，抵抗力弱，传染病的患病率明显高于成人。幼儿园园区应依据《托儿所、幼儿园卫生保健制度》《托儿所、幼儿园卫生保健管理办法》开展传染病预防工作，要制定、完善有关传染病预防预案。园区内必须配备各类消毒物品，如消毒液、紫外线消毒灯等；教师及各岗位工作人员要以身作则，定期进行个人身体检查；园区环境要确保定时定点消毒、无"四害"。在幼儿园保育过程中，幼儿教师应懂得幼儿常见生理卫生护理、常见病和传染病的卫生及护理。当幼儿出现传染病之后知道如何进行处理及具体的消毒措施；加强宣传力度，通过各种渠道开展家园共育，为幼儿的身心健康保驾护航。

（2）实践目的

①了解幼儿园传染病预防的日常措施。

②知道幼儿园各岗位在传染病预防工作方面的职责。

③了解传染病高发季节园区的应对措施。

④掌握缺勤幼儿追踪表的填写方法。

幼儿园传染病管理
制度

（3）实践内容

了解幼儿园传染病预防与处理的实践内容、实践目标和要求见表2-24。

表2-24　了解幼儿园传染病预防与处理的实践内容、实践目标和要求

序号	实践内容	实践目标和要求
1	传染病预防及处理的工作职责	1.了解并记录园区工作人员的岗位证件要求。 2.了解幼儿常见传染病的症状及对应的紧急措施。 3.了解教师追踪缺勤幼儿的方式及沟通技巧
2	幼儿园预防及处理传染病的措施	1.了解幼儿园日常预防传染病的工作安排及应对措施。 2.了解幼儿园针对发生传染病的紧急预案内容。 3.掌握传染病高发季节园区的具体预防措施。 4.协助班级教师完成缺勤幼儿追踪表的填写

2.实践记录

幼儿园传染病预防各岗位人员基本要求实践记录表与幼儿园园区清洗和消毒要求实践记录表见表2-25和表2-26。

表 2-25　　　幼儿园传染病预防各岗位人员基本要求实践记录表

人员	需要的基本证件/材料	基本要求
教师及保育员	教师：幼儿园教师资格证、托幼机构工作人员健康合格证 保育员：保育员证、托幼机构工作人员健康合格证	
保健医		
厨房工作人员		
家长及幼儿		

表 2-26　　　幼儿园园区清洗和消毒要求实践记录表

清洗和消毒内容	日常传染病预防清洗和消毒标准	园内发生传染病采取的清洗和消毒措施
公共区域		
厨房		
活动室		
多功能室		

班级缺勤幼儿追踪表见表2-27。

表 2-27　班级缺勤幼儿追踪表

_____班缺勤幼儿情况追踪	
事假	事假幼儿人数：_____
	请假原因：
病假	病假幼儿人数：_____
	就医情况：
	有无医生诊断证明：
休学	休学幼儿人数：_____
	休学原因：
备注	

学生自评表见表2-28。

表2-28 学生自评表

自评日期： 年 月 日

我的长处	
需加强之处	
指导老师的建议	
下一步的计划	
贴心小贴士 （记录自己的经验与心得）	
积累的资源库	

备注：围绕自己在园内组织开展的教学活动填写上表。

实践任务总结见表2-29。

表 2-29　实践任务总结

姓名：	学号：	班级：	幼儿园名称：
实践单位的情况：			
实践目的：			
实践内容：			
实践收获：			

实践任务评定见表2-30。

表 2-30 实践任务评定表

姓名：	学号：	实习班级：	总成绩（百分制）：
指导教师评语：			
成绩（百分制）：			
	指导教师签名： 幼儿园盖章 年　　月　　日		
带队教师评语：			
成绩（百分制）：			
	带队教师签名： 年　　月　　日		

备注：

（1）幼儿园指导教师评定内容主要包括入园实践学生的工作纪律、仪容仪表、对待幼儿和学习的态度、学习能力等方面。

（2）带队教师评定内容主要包括入园实践学生教学任务手册填写情况、实践总体表现及园方评价。

（3）入园实践任务总成绩由两部分组成：幼儿园评定占60%，带队教师评定占40%。

模块拓展

★《幼儿园教育指导纲要（试行）》

第一部分　总则

一、为贯彻《中华人民共和国教育法》《幼儿园管理条例》和《幼儿园工作规程》，指导幼儿园深入实施素质教育，特制定本纲要。

二、幼儿园教育是基础教育的重要组成部分，是我国学校教育和终身教育的奠基阶段。城乡各类幼儿园都应从实际出发，因地制宜地实施素质教育，为幼儿一生的发展打好基础。

三、幼儿园应与家庭、社区密切合作，与小学相互衔接，综合利用各种教育资源，共同为幼儿的发展创造良好的条件。

四、幼儿园应为幼儿提供健康、丰富的生活和活动环境，满足他们多方面发展的需要，使他们在快乐的童年生活中获得有益于身心发展的经验。

五、幼儿园教育应尊重幼儿的人格和权利，尊重幼儿身心发展的规律和学习特点，以游戏为基本活动，保教并重，关注个别差异，促进每个幼儿富有个性的发展。

第二部分　教育内容与要求

幼儿园的教育内容是全面的、启蒙性的，可以相对划分为健康、语言、社会、科学、艺术等五个领域，也可做其他不同的划分。各领域的内容相互渗透，从不同的角度促进幼儿情感、态度、能力、知识、技能等方面的发展。

一、健康

（一）目标

1.身体健康，在集体生活中情绪安定、愉快。

2.生活、卫生习惯良好，有基本的生活自理能力。

3.知道必要的安全保健常识，学习保护自己。

4.喜欢参加体育活动，动作协调、灵活。

（二）内容与要求

1.建立良好的师生、同伴关系，让幼儿在集体生活中感到温暖，心情愉快，形成安全感、信赖感。

2.与家长配合，根据幼儿的需要建立科学的生活常规。培养幼儿良好的饮食、睡眠、盥洗、排泄等生活习惯和生活自理能力。

3.教育幼儿爱清洁、讲卫生，注意保持个人和生活场所的整洁和卫生。

4.密切结合幼儿的生活进行安全、营养和保健教育，提高幼儿的自我保护意识和能力。

5.开展丰富多彩的户外游戏和体育活动，培养幼儿参加体育活动的兴趣和习惯，增强体质，提高对环境的适应能力。

6.用幼儿感兴趣的方式发展基本动作，提高动作的协调性、灵活性。

7.在体育活动中，培养幼儿坚强、勇敢、不怕困难的意志品质和主动、乐观、合作的态度。

（三）指导要点

1.幼儿园必须把保护幼儿的生命和促进幼儿的健康放在工作的首位。树立正确的健康观念，在重视幼儿身体健康的同时，要高度重视幼儿的心理健康。

2.既要高度重视和满足幼儿受保护、受照顾的需要，又要尊重和满足他们不断增长的独立要求，避免过度保护和包办代替，鼓励并指导幼儿自理、自立的尝试。

3.健康领域的活动要充分尊重幼儿生长发育的规律，严禁以任何名义进行有损幼儿健康的比赛、表演或训练等。

4.培养幼儿对体育活动的兴趣是幼儿园体育的重要目标，要根据幼儿的特点组织生动有趣、形式多样的体育活动，吸引幼儿主动参与。

二、语言

（一）目标

1.乐意与人交谈，讲话有礼貌。

2.注意倾听对方讲话，能理解日常用语。

3.能清楚地说出自己想说的事情。

4.喜欢听故事、看图书。

5.能听懂和会说普通话。

（二）内容与要求

1.创造一个自由、宽松的语言交往环境，支持、鼓励、吸引幼儿与教师、同伴或其他人交谈，体验语言交流的乐趣，学习使用适当的、礼貌的语言进行交往。

2.养成幼儿注意倾听的习惯，发展语言理解能力。

3.鼓励幼儿大胆、清楚地表达自己的想法和感受，尝试说明、描述简单的事物或过程，发展语言表达能力和思维能力。

4.引导幼儿接触优秀的儿童文学作品，使之感受语言的丰富和优美，并通过多种活动帮助幼儿加深对作品的体验和理解。

5.培养幼儿对生活中常见的简单标记和文字符号的兴趣。

6.利用图书、绘画和其他多种方式，引发幼儿阅读和书写的兴趣，培养一定的阅读和书写技能。

7.提供普通话的语言环境，帮助幼儿熟悉、听懂并学说普通话。少数民族地区还应帮助幼儿学习本民族语言。

（三）指导要点

1.语言能力是在运用的过程中发展起来的，发展幼儿语言的关键是创设一个能使他们想说、敢说、喜欢说、有机会说并能得到积极应答的环境。

2.幼儿语言的发展与其情感、经验、思维、社会交往能力等其他方面的发展密切相关，因此，发展幼儿语言的重要途径是通过互相渗透的各领域的教育，在丰富多彩的活动中去扩展幼儿的经验，提供促进语言发展的条件。

3.幼儿的语言学习具有个别化的特点，教师与幼儿的个别交流、幼儿之间的自由交谈等，对幼儿语言发展具有特殊意义。

4.对有语言障碍的儿童要给予特别关注，要与家长和有关方面密切配合，积极地帮助他们提高语言能力。

三、社会

（一）目标

1.能主动地参与各项活动，有自信心。

2.乐意与人交往，学习互助、合作和分享，有同情心。

3.理解并遵守日常生活中基本的社会行为规则。

4.能努力做好力所能及的事，不怕困难，有初步的责任感。

5.爱父母长辈、老师和同伴，爱集体、爱家乡、爱祖国。

（二）内容与要求

1.引导幼儿参加各种集体活动，体验与教师、同伴等共同生活的乐趣，帮助他们正确认识自己和他人，养成对他人、社会亲近、合作的态度，学习初步的人际交往技能。

2.为每个幼儿提供表现自己长处和获得成功的机会，增强其自尊心和自信心。

3.提供自由活动的机会，支持幼儿自主地选择、计划活动，鼓励他们通过多方面的努力解决问题，不轻易放弃克服困难的尝试。

4.在共同的生活和活动中，以多种方式引导幼儿认识、体验并理解基本的社会行为规则，学习自律和尊重他人。

5.教育幼儿爱护玩具和其他物品，爱护公物和公共环境。

6.与家庭、社区合作，引导幼儿了解自己的亲人及与自己生活有关的各行各业人们的劳动，培养其对劳动者的热爱和对劳动成果的尊重。

7.充分利用社会资源，引导幼儿实际感受祖国文化的丰富与优秀，感受家乡的变化和发展，激发幼儿爱家乡、爱祖国的情感。

8.适当向幼儿介绍我国各民族和世界其他国家、民族的文化，使其感知人类文化的多样性和差异性，培养理解、尊重、平等的态度。

（三）指导要点

1.社会领域的教育具有潜移默化的特点。幼儿社会态度和社会情感的培养尤应渗透在多种活动和一日生活的各个环节之中，要创设一个能使幼儿感受到接纳、关爱和支持的良好环境，避免单一呆板的言语说教。

2.幼儿与成人、同伴之间的共同生活、交往、探索、游戏等，是其社会学习的重要途径。应为幼儿提供人际间相互交往和共同活动的机会和条件，并加以指导。

3.社会学习是一个漫长的积累过程，需要幼儿园、家庭和社会密切合作，协调一致，共同促进幼儿良好社会性品质的形成。

四、科学

（一）目标

1.对周围的事物、现象感兴趣，有好奇心和求知欲。

2.能运用各种感官，动手动脑，探究问题。

3.能用适当的方式表达、交流探索的过程和结果。

4.能从生活和游戏中感受事物的数量关系并体验到数学的重要和有趣。

5.爱护动植物，关心周围环境，亲近大自然，珍惜自然资源，有初步的环保意识。

（二）内容与要求

1.引导幼儿对身边常见事物和现象的特点、变化规律产生兴趣和探究的欲望。

2.为幼儿的探究活动创造宽松的环境，让每个幼儿都有机会参与尝试，支持、鼓励他们大胆提出问题，发表不同意见，学会尊重别人的观点和经验。

3.提供丰富的可操作的材料，为每个幼儿都能运用多种感官、多种方式进行探索提供活动的条件。

4.通过引导幼儿积极参加小组讨论、探索等方式，培养幼儿合作学习的意识和能力，学习用多种方式表现、交流、分享探索的过程和结果。

5.引导幼儿对周围环境中的数、量、形、时间和空间等现象产生兴趣，建构初步的数概念，并学习用简单的数学方法解决生活和游戏中某些简单的问题。

6.从生活或媒体中幼儿熟悉的科技成果入手，引导幼儿感受科学技术对生活的影响，培养他们对科学的兴趣和对科学家的崇敬。

7.在幼儿生活经验的基础上，帮助幼儿了解自然、环境与人类生活的关系。从身边的小事入手，培养初步的环保意识和行为。

（三）指导要点

1.幼儿的科学教育是科学启蒙教育，重在激发幼儿的认识兴趣和探究欲望。

2.要尽量创造条件让幼儿实际参加探究活动，使他们感受科学探究的过程和方法，体验发现的乐趣。

3.科学教育应密切联系幼儿的实际生活进行，利用身边的事物与现象作为科学探索的对象。

五、艺术

（一）目标

1.能初步感受并喜爱环境、生活和艺术中的美。

2.喜欢参加艺术活动，并能大胆地表现自己的情感和体验。

3.能用自己喜欢的方式进行艺术表现活动。

（二）内容与要求

1.引导幼儿接触周围环境和生活中美好的人、事、物，丰富他们的感性经验和审美情趣，激发他们表现美、创造美的情趣。

2.在艺术活动中面向全体幼儿，要针对他们的不同特点和需要，让每个幼儿都得到美的熏陶和培养。对有艺术天赋的幼儿要注意发展他们的艺术潜能。

3.提供自由表现的机会，鼓励幼儿用不同艺术形式大胆地表达自己的情感、理解和想象，尊重每个幼儿的想法和创造，肯定和接纳他们独特的审美感受和表现方式，分享他们创造的快乐。

4.在支持、鼓励幼儿积极参加各种艺术活动并大胆表现的同时，帮助他们提高表现的技能和能力。

5.指导幼儿利用身边的物品或废旧材料制作玩具、手工艺品等来美化自己的生活或开展其他活动。

6.为幼儿创设展示自己作品的条件，引导幼儿相互交流、相互欣赏、共同提高。

（三）指导要点

1.艺术是实施美育的主要途径，应充分发挥艺术的情感教育功能，促进幼儿健全人格的形成。要避免仅仅重视表现技能或艺术活动的结果，而忽视幼儿在活动过程中的情感体验和态度的倾向。

2.幼儿的创作过程和作品是他们表达自己的认识和情感的重要方式，应支持幼儿富有个性和创造性的表达，克服过分强调技能技巧和标准化要求的偏向。

3.幼儿艺术活动的能力是在大胆表现的过程中逐渐发展起来的，教师的作用应主要在于激发幼儿感受美、表现美的情趣，丰富他们的审美经验，使之体验自由表达和创造的快乐。在此基础上，根据幼儿的发展状况和需要，对表现方式和技能技巧给予适时、适当的指导。

第三部分　组织与实施

一、幼儿园的教育是为所有在园幼儿的健康成长服务的，要为每个幼儿，包括有特殊需要的幼儿提供积极的支持和帮助。

二、幼儿园的教育活动，是教师以多种形式有目的、有计划地引导幼儿生动、活泼、主动活动的教育过程。

三、教育活动的组织与实施过程是教师创造性地开展工作的过程。教师要根据本纲要，从本地、本园的条件出发，结合本班幼儿的实际情况，制定切实可行的工作计划并灵活地执行。

四、教育活动目标要以《幼儿园工作规程》和本纲要所提出的各领域目标为指导，结合本班幼儿的发展水平、经验和需要来确定。

五、教育活动内容的选择应遵照本纲要第二部分的有关条款进行，同时体现以下原则：

（一）既适合幼儿的现有水平，又有一定的挑战性。

（二）既符合幼儿的现实需要，又有利于其长远发展。

（三）既贴近幼儿的生活来选择幼儿感兴趣的事物和问题，又有助于拓展幼儿的经验和视野。

六、教育活动内容的组织应充分考虑幼儿的学习特点和认识规律，各领域的内容要有机联系，相互渗透，注重综合性、趣味性、活动性，寓教育于生活、游戏之中。

七、教育活动的组织形式应根据需要合理安排，因时、因地、因内容、因材料灵活地运用。

八、环境是重要的教育资源，应通过环境的创设和利用，有效地促进幼儿的发展。

（一）幼儿园的空间、设施、活动材料和常规要求等应有利于引发、支持幼儿的游戏和各种探索活动，有利于引发、支持幼儿与周围环境之间积极的相互作用。

（二）幼儿同伴群体及幼儿园教师集体是宝贵的教育资源，应充分发挥这一资源的作用。

（三）教师的态度和管理方式应有助于形成安全、温馨的心理环境；言行举止应成为幼儿学习的良好榜样。

（四）家庭是幼儿园重要的合作伙伴。应本着尊重、平等、合作的原则，争取家长的理解、支持和主动参与，并积极支持、帮助家长提高教育能力。

（五）充分利用自然环境和社区的教育资源，扩展幼儿生活和学习的空间。幼儿园同时应为社区的早期教育提供服务。

九、科学、合理地安排和组织一日生活。

（一）时间安排应有相对的稳定性与灵活性，既有利于形成秩序，又能满足幼儿的合理需要，照顾到个体差异。

（二）教师直接指导的活动和间接指导的活动相结合，保证幼儿每天有适当的自主选择和自由活动时间。教师直接指导的集体活动要能保证幼儿的积极参与，避免时间的隐性浪费。

（三）尽量减少不必要的集体行动和过渡环节，减少和消除消极等待现象。

（四）建立良好的常规，避免不必要的管理行为，逐步引导幼儿学习自我管理。

十、教师应成为幼儿学习活动的支持者、合作者、引导者。

（一）以关怀、接纳、尊重的态度与幼儿交往。耐心倾听，努力理解幼儿的想法与感受，支持、鼓励他们大胆探索与表达。

（二）善于发现幼儿感兴趣的事物、游戏和偶发事件中所隐含的教育价值，把握时机，积极引导。

（三）关注幼儿在活动中的表现和反应，敏感地察觉他们的需要，及时以适当的方式应答，形成合作探究式的师生互动。

（四）尊重幼儿在发展水平、能力、经验、学习方式等方面的个体差异，因人施教，努力使每一个幼儿都能获得满足和成功。

（五）关注幼儿的特殊需要，包括各种发展潜能和不同发展障碍，与家庭密切配合，共同促进幼儿健康成长。

十一、幼儿园教育要与0~3岁儿童的保育教育以及小学教育相互衔接。

第四部分　教育评价

一、教育评价是幼儿园教育工作的重要组成部分，是了解教育的适宜性、有效性，调整和改进工作，促进每个幼儿发展，提高教育质量的必要手段。

二、管理人员、教师、幼儿及其家长均是幼儿园教育评价工作的参与者。评价过程是各方共同参与、相互支持与合作的过程。

三、评价的过程，是教师运用专业知识审视教育实践，发现、分析、研究、解决问题的过程，也是其自我成长的重要途径。

四、幼儿园教育工作评价实行以教师自评为主，园长及有关管理人员、其他教师和家长等参与评价的制度。

五、评价应自然地伴随着整个教育过程进行，综合采用观察、谈话、作品分析等多种方法。

六、幼儿的行为表现和发展变化具有重要的评价意义，教师应视之为重要的评价信息和改进工作的依据。

七、教育工作评价宜重点考察以下方面：

（一）教育计划和教育活动的目标是否建立在了解本班幼儿现状的基础上。

（二）教育的内容、方式、策略、环境条件是否能调动幼儿学习的积极性。

（三）教育过程是否能为幼儿提供有益的学习经验，并符合其发展需要。

（四）教育内容、要求能否兼顾群体需要和个体差异，使每个幼儿都能得到发展，都有成功感。

（五）教师的指导是否有利于幼儿主动、有效地学习。

八、对幼儿发展状况的评估，要注意：

（一）明确评价的目的是了解幼儿的发展需要，以便提供更加适宜的帮助和指导。

（二）全面了解幼儿的发展状况，防止片面性，尤其要避免只重知识和技能，忽略情感、社会性和实际能力的倾向。

（三）在日常活动与教育教学过程中采用自然的方法进行。平时观察所获的具有典型意义的幼儿行为表现和所积累的各种作品等，是评价的重要依据。

（四）承认和关注幼儿的个体差异，避免用划一的标准评价不同的幼儿，在幼儿面前慎用横向的比较。

（五）以发展的眼光看待幼儿，既要了解现有水平，更要关注其发展的速度、特点和倾向等。

模块三　幼儿园各类教育活动的设计与试教

一、实践目标

（1）熟悉幼儿园保育、教育工作的基本内容和保教分工，加深对"保教结合"工作及其重要性的理解。

（2）树立正确的儿童观、教师观与教育观，在幼儿园尝试进行完整的教育活动设计和实施。

（3）理解幼儿的认知特点和学习方式，在观察中体会如何创设适宜环境，将教育寓于幼儿的生活、运动、学习、游戏中，保护幼儿的好奇心和探究精神，培养幼儿的创造力。

（4）利用所学的专业知识和技能时刻反思实践工作，不断检验、巩固、提升、丰富知识结构和体系，逐步形成对幼教相关现象的专业思考与判断。

（5）协助开展班级管理工作，掌握班级日常管理、组织教学、家园共育的工作方法，提高组织管理、沟通交往和团队协作的能力。

二、实践内容

（1）持续观察幼儿园的组织管理、教学重点，了解班级管理的工作方法，掌握照顾幼儿健康、安全生活的技能。

（2）了解幼儿身心发展的一般规律和影响因素，熟悉幼儿在不同年龄阶段的特点和个体发展的差异性。

（3）通过观察师幼互动和幼幼互动，理解幼儿学习知识、构建知识网络、获得技能技巧的过程和途径。

（4）学习并掌握设计、组织和实施教育活动的方法和技巧。

（5）结合各类型活动，掌握观察方法，了解幼儿发展需要，保障幼儿的安全和身心健康，理解幼儿教师的发展要求与专业价值。

幼儿个案观察小档案

　　亲爱的同学们，我们第三学期的实践学习要开始啦！经过了两个学期的实践学习，你们对幼儿园已经有了进一步的了解，这学期我们要通过实践活动来提升自己的教学能力。那你们还记得上学期观察的那两位小朋友吗？期待你们在这个学期共同创造更美好的回忆。也许因为种种原因，你们需要更换两个新的小朋友来观察，他们又会带给你们什么样的惊喜呢？

　　提示：继续第一学期的观察或者更换个案观察对象都是被允许的，若更换个案观察对象，应填写幼儿个案观察对象记录表（表格下载说明见本书前言）。每周入园实践结束时，请完成对应的观察记录。

任务一　了解幼儿园及班级概况

本任务课件

1.实践总体要求

（1）实践指引

幼儿阶段是一个人成长的一段重要历程，通过德、智、体、美等全面而富有个性的教育，能为幼儿一生不断自学、思考、探索、创新和应变奠定基础。幼儿园以保教并重、保育为先的生活化学习方式，贴近幼儿的日常经验、认知和兴趣，可以贯通各领域学习的内容，为幼儿提供综合而完整的学习经历。本次实践，应整体观察和熟悉幼儿园及班级的管理运行、保教分工与配合，以建立自我认知，深度感受团队氛围，并理解和掌握幼儿各阶段教育和常规培养的重点。

（2）实践目的

①了解幼儿园针对幼儿开展保育与教育的主要目标。

②理解幼儿园一日生活中保教结合、分工配合的整体性特点。

③掌握小班、中班、大班幼儿生活常规和教育活动常规培养的重点。

（3）实践内容

了解幼儿园及班级概况的实践内容、实践目标和要求见表3-1。

表 3-1　了解幼儿园及班级概况的实践内容、实践目标和要求

序号	实践内容	实践目标和要求
1	保教目标	深入观察幼儿园一日生活流程，加深对幼儿园保育和教育整体目标的理解
2	保教配合	1.观察班级教师间保教分工与配合，感受团队的氛围和工作方式。 2.掌握保教分工与配合的工作内容、标准，培养自我的团队协作和沟通能力。 3.学会赞赏和鼓励幼儿，掌握建立和谐师幼关系的方法和技能
3	生活常规	观察小班、中班、大班幼儿生活常规培养的内容
4	教育常规	观察小班、中班、大班幼儿教育活动培养的内容

2.实践记录

了解幼儿园及班级概况的实践记录表见表3-2。

表3-2　了解幼儿园及班级概况的实践记录表

- 幼儿园及班级概况
  - 幼儿一日生活
    - 保教并重
    - _____为先
  - 认识幼儿园
    - 培养目标：促进幼儿_____、智、体、美等均衡全面发展。
    - 教育形式：生活化学习主题，以_____为基本活动，寓教于乐。
    - 教育特点：贴近幼儿的日常经验、认知和_____，能贯通各领域学习，为幼儿提供综合而完整的学习经历。
    - 五大领域学习范畴：健康、_____、社会、科学、艺术。
  - 保教目标
    - 目标一：促进幼儿身体正常发育和机能协调发展，增强体质；培养良好的_____习惯、卫生习惯和参加体育活动的兴趣。
    - 目标二：发展幼儿_____，培养正确运用感官和运用语言交往的基本能力，增进对环境的认识。
    - 目标三：萌发幼儿爱家乡、爱祖国、爱集体、爱劳动、爱科学的情感；培养诚实、自信、好问、友爱、勇敢、爱护公物、克服困难、讲礼貌、守纪律等良好的品德行为和习惯，以及_____的性格。
    - 目标四：培养幼儿初步的感受美和表现美的情趣和能力。
  - 保教分工
    - 教师职责：观察了解_____，结合实际制订和执行教育工作计划，以完成教育任务；指导并配合_____教师管理幼儿生活和做好卫生保健；与家长经常保持联系，了解幼儿家庭的_____环境，商讨符合幼儿特点的教育措施，共同配合完成教育任务；参加业务学习和幼儿教育研究活动。
    - 保育员职责：负责班级教室、设备、环境的清洁卫生；在教师指导下管理幼儿生活，并配合本班教师组织教育活动。
  - 观察班级保教配合：_____班
    - 团队氛围：
    - 工作方式：
    - 值得我学习的地方：
    - 我的个性：
    - 我的特长：
    - 在幼儿园，你一定感觉到了教师及幼儿对你的牵挂、关心、指导与帮助，你会用"您""谢谢""辛苦了""让我来""我帮您""加油"等语言主动致谢吗：是_____；否_____。
    - 期待分享：你与班级教师的精彩故事。
  - 班幼儿生活养成的重点
    - 观察：《周教育活动计划表》中是否有习惯培养和家园共育等内容。请记录_____。
    - 入园活动：入园情绪：_____；衣着：_____；个人物品整理和摆放：_____；学习双手轻拿、轻放小椅子。
    - 盥洗活动：
    - 进餐、饮水活动：
    - 离园活动：
    - 记录班级管理规定：
  - 班幼儿教育常规的重点
    - _____班幼儿教育常规的重点。
    - 教育活动：能保持稳定注意力的时间为_____分钟，有兴趣、愿意参加集体学习活动。
    - 社会能力：
    - 游戏活动：
    - 体育活动：
    - 安全常规：

🐦 任务二　幼儿园生活活动观察与设计

本任务课件

1.实践总体要求

（1）实践指引

幼儿园生活活动的目标是让幼儿养成良好习惯、适应集体生活，在健康、快乐的生活环境中自立成长。幼儿良好习惯的养成，仅仅靠外在的、成人的规诫与训练是不行的，必须创设良好的、宽松的盥洗、睡眠等生活环境，让其不断积累健康生活的经验，自发地产生行动，逐步养成各种良好的生活习惯。作为教师需要认识到，幼儿的能力和习惯形成是日积月累的，并具有反复的特点，强调在做中培养，注重在真实的情境中练习，关注幼儿的情绪反应和情感体验；同时，也要考虑到不同生活背景、不同体质的幼儿，在午睡时长、饮食习惯等方面存在的差异。

（2）实践目的

①观察和了解不同年龄段幼儿的特点、发展的共性目标及个体差异。

②初步了解各年龄段幼儿教育的策略。

③能设计幼儿园晨间活动和过渡环节的教育活动。

（3）实践内容

幼儿园生活活动观察与设计的实践内容、实践目标和要求见表3-3。

表3-3　幼儿园生活活动观察与设计的实践内容、实践目标和要求

序号	实践内容	实践目标和要求
1	幼儿发展特点	通过实践对不同年龄段幼儿的特点、发展目标进行观察和了解
2	幼儿教育策略	通过观察掌握幼儿自理能力和生活习惯培养的策略
3	生活活动设计	通过整合资源，围绕班级实际，设计晨间活动和过渡环节的教育活动

2.实践记录

幼儿园生活活动观察与设计实践记录表见表3-4。

保育员职业守则和
必备知识

表3-4　幼儿园生活活动观察与设计实践记录表

幼儿园生活活动观察与设计

— 生活活动包括：入园、_____、_____、_____、_____、离园等。

幼儿的表现特征

— 2~3岁：开始有独立的倾向，生活自理行为开始出现。
— 请在幼儿园观察幼儿日常生活中的以下行为：尝试自己洗手（　　　）；能用小勺进食（　　　）；自己脱衣服、鞋袜（　　　）。
— 3~4岁：学习按指令行动，生活自理能力增强。
请在幼儿园观察幼儿日常生活中的以下行为：会自己用勺子进餐（　　　）；会自己穿衣裤（　　　）；会解会扣比较容易操作的纽扣（　　　）；会穿不用系鞋带的鞋子（　　　）；会自己洗手（　　　）。
— 4~5岁：有意行为开始发展，学习控制情绪。
请在幼儿园观察幼儿日常生活中的以下行为：发生争执，可以较好地控制自己的行为（　　　）；规则意识开始萌发，与人相处，开始讲礼貌（　　　）；喜欢和同伴一起玩，学习交往（　　　）；可以熟练穿脱衣服、扣纽扣、拉拉链、系鞋带等（　　　）；能接受成人指令，完成力所能及的任务（　　　）；学当值日生（　　　）；为班级自然植物角的植物浇水（　　　）；帮助教师摆放桌椅，抬床等（　　　）；会收拾玩具、用具（　　　）。
— 5~6岁：自我评价能力逐步发展，情感的稳定性和有意性增强。
请在幼儿园观察幼儿日常生活中的以下行为：在班上有了相对稳定的好朋友（　　　）；不喜欢自己的作品或者能力表现被忽视（　　　）；能用筷子吃饭和夹菜（　　　）；喜欢参与成人的劳动，如扫地、擦桌子等，并表现出一定的责任感（　　　）；喜欢有规则的游戏，如棋类、体育游戏等（　　　）。

幼儿的情绪与行为

— 2~3岁：情绪不稳定，有强烈的情感依恋，以自我为中心。
请在幼儿园观察以下哪些行为与幼儿比较相符：情绪受环境影响大，某幼儿因想妈妈了哭了，引发其他幼儿哭泣（　　　）；容易受到惊吓，爱哭，一哄就笑（　　　）；自己脱衣服、鞋袜（　　　）；以自我为中心，经常抢别人东西，不满足时甚至会抓人、咬人（　　　）；扶着栏杆上下楼梯（　　　）。请记录你的其他发现：_____
— 3~4岁：行为受情绪支配，情绪仍不太稳定，容易冲动。
请在幼儿园观察以下哪些行为与幼儿比较相符：依恋父母，非常愿意和自己喜欢的教师接近（　　　）；能理解他人的情感，看见生病的同伴或摔跤难过的小朋友会同情他（　　　）；做错事会感到害怕或者难为情（　　　）；双脚交替上下楼梯（　　　）；双手协调技能明显发展，会折纸和用蜡笔画画，可以沿着线剪纸（　　　），会把线条和图形简单组合来表现事物的大致特征（　　　）。请记录你的其他发现：_____
— 4~5岁：学习控制情绪，在活动中学习交往。
请在幼儿园观察以下哪些行为与幼儿比较相符：行为受情绪支配的程度逐渐下降，学习控制情绪（　　　）；发生争执，能控制自己的情绪和行为（　　　）；表现出自信，社交中会使用礼貌用语（　　　）；可以自如地跑、跳和攀登，能单足站立，会抛接皮球，会骑小车（　　　）；玩折纸和穿珠子游戏、拼插积木，坚持的时间会更长（　　　）；喜欢刨根问底，爱思考和了解新鲜事物（　　　）。请记录你的其他发现：_____
— 5~6岁：情绪更稳定，合作意识增强。
请在幼儿园观察以下哪些行为与幼儿比较相符：自己选择玩伴，喜欢合作性的游戏（　　　）；规则意识逐步形成，学着控制自己的行为，遵守集体的共同规则（　　　）；能将玩具整理好放回原处，知道上课发言要举手（　　　）能自如地控制手腕，运用手指活动，灵活使用剪刀，能用橡皮泥捏出造型，能使用画笔和铅笔，进行简单的美工活动（　　　）；对自然现象起源和机械运动原理产生兴趣（　　　）；对汉字产生兴趣，在绘画作品中出现歪歪扭扭的汉字（　　　）。请记录你的其他发现：_____

　　请你根据幼儿的年龄特点，充分利用教育资源，设计内容有趣、流程完整的生活教育活动，为入园试教任务做好前期准备吧！晨间活动方案和过渡环节活动方案分别见表3-5和表3-6。

表 3-5　晨间活动方案

活动场地：_____　　　　活动形式：　　□小组　　□集体

活动名称：_____

活动目标：

前期准备：

经验准备：

物质准备：

活动过程：

表 3-6　过渡环节活动方案

活动场地：_____　　　　　活动形式：　　□小组　　□集体

活动名称：_____

活动目标：

前期准备：

经验准备：

物质准备：

活动过程：

★ 任务三　幼儿园生活活动试教——晨间活动

1.实践总体要求

（1）实践指引

通过幼儿园生活活动可以让幼儿在真实的一日生活情境中自主、自觉地发展生活自理能力，形成规律的生活作息和健康的生活习惯，获得人际交往能力，并学会自我保护，逐步建立自我认知。幼儿园一日生活中，晨间接待环节需要幼儿教师做到热情饱满、面带微笑地接待家长和幼儿，关注个别有特殊需求的幼儿，以及结合班级实际和幼儿兴趣，设计符合幼儿喜好和发展需求的晨间活动，然后积极进行晨间活动的组织与实施，并进行反思和改进。

（2）实践目的

①熟知幼儿教师一日常规工作的要求。

②掌握晨间接待环节教师的常规工作内容。

③结合设计的晨间活动方案开展晨间活动。

（3）实践内容

幼儿园生活活动试教——晨间活动的实践内容、实践目标和要求见表3-7。

表3-7　幼儿园生活活动试教——晨间活动的实践内容、实践目标和要求

序号	实践内容	实践目标和要求
1	常规工作	通过观察和实践，能熟知幼儿教师一日常规工作的要求
2	晨间接待	尝试自主开展幼儿园晨间接待工作
3	试教活动	开展一次设计合理、环节完整的晨间活动

本任务课件

2.实践记录

幼儿园生活活动试教——晨间活动实践记录表见表3-8。

表3-8 幼儿园生活活动试教——晨间活动实践记录表

幼儿园生活活动试教——晨间活动

- 常规工作
  - 照顾幼儿
    - 每天为幼儿做健康检查。
    - 入园接待时，一位教师带领幼儿活动，另一位教师协助维持秩序或检查幼儿书包。
    - 指导幼儿活动时，避免按、拍幼儿头部。
    - 若幼儿有特殊表现或异常行为，应及时报告_____，商讨跟进工作。
    - 幼儿在园如遇意外或发生疾病，应记录，并与_____交流。
    - 幼儿如缺勤一天以上，教师应表示关心，主动致电问候。
    - 幼儿尿裤子，教师应第一时间协助_____。
    - 尊重每位幼儿，不叫其外号，不乱开幼儿的玩笑。
    - 户外活动及室内自由活动时，教师应坚守岗位，关注幼儿，不要闲谈。
    - 随时留意园内环境及设施安全，若发现不安全因素，及时报告，共同商讨解决的办法。
    - 留意活动室的温度、光线、空气流通等情况，依据幼儿需要做适当地调节。
    - 注意天气变化，根据幼儿的需要做恰当处理，如添加外套、换衣服、引导多饮水等。
    - 你观察或想到的其他方面：_____。

- 晨间接待
  - 活动准备
    - 注意幼儿桌椅的整洁及排列整齐。
    - 注意活动室的光线和温度，根据需要关窗、门，或是打开照明灯、风扇、空调等。
    - 预备及检查当天所需要的教学器具，如材料、美工用具、布偶、白板及笔、课件、录音设备等。
    - 检查各活动区角的材料、玩具等的_____及标签，并摆放整齐。
  - 晨间活动试教
    - 试教班级：_____班 幼儿人数：_____人。试教时间：_____年_____月_____日 上午。
    - 活动名称：
    - 活动目标：
    - 活动过程：
    - 幼儿表现：
    - 活动反思：

- 反思与实践
  - 教育是"爱"的艺术：通过开展晨间活动，记录自己的所思所想，完成对经验的梳理和优化，并追求精进。
  - 请在实践中与指导老师围绕晨间接待环节开展交流，向其请教经验，做好记录，积极分享。
  - 自我思考和自主学习：上网检索和收集晨间活动的素材，在空白处记录。

任务四　幼儿园生活活动试教——过渡环节

本任务课件

1.实践总体要求

（1）实践指引

过渡环节是幼儿一日生活中各环节的转换时间，是幼儿活动开展中的"驿站"，也是幼儿衔接、休整的阶段。《幼儿园教育指导纲要（试行）》中明确规定：要尽量减少不必要的集体行动和过渡环节，减少和消除消极等待现象。教师作为一日生活的组织者，在过渡环节的组织中，可以根据其时间灵活、自主性强、幼儿状态自然等特征，结合幼儿生活中共性的问题和兴趣点，设计过渡环节教育活动的主题。

（2）实践目的

①了解过渡环节中幼儿易出现的问题。

②掌握过渡环节中安全照顾的要点和生活教育中的激励语言。

③结合提前设计的过渡环节活动方案积极开展试教。

（3）实践内容

幼儿园生活活动试教——过渡环节的实践内容、实践目标和要求见表3-9。

表3-9　幼儿园生活活动试教——过渡环节的实践内容、实践目标和要求

序号	实践内容	实践目标和要求
1	实施要点	1.了解过渡环节中常见的问题。 2.掌握过渡环节中安全照顾的要点和生活教育中的激励语言
2	试教活动	开展一次科学合理、有衔接性的过渡环节的试教活动

2.实践记录

幼儿园生活活动试教——过渡环节试教实践记录表见表3-10。

表3-10　幼儿园生活活动试教——过渡环节试教实践记录表

幼儿园生活活动试教——过渡环节

盥洗、饮水环节
- 注意地面是否有_____，防止幼儿滑倒。
- 教育和监督幼儿洗手时甩水入池和漱口时倒水入池，尽量避免溅湿地面。
- 注意隔板及厕所门边的棱角，防止碰伤幼儿。
- 请观察并记录：盥洗环节中幼儿衣物特别是裤子的整理，教师是如何做的？你所在的班级是_____班；幼儿典型行为表现：_____。如果你是教师，记录下你的做法。
- 注意饮用水的温度及饮水机的清洁与消毒。

设计原则

小班：自由过渡。
利用过渡环节促进幼儿与教师的情感交流，如拉拉手、摸摸头、说说悄悄话、帮幼儿掖裤子等。
适宜采用的过渡环节设置：讲故事、玩手指游戏等。

中班：规则过渡。
利用轻松自由的氛围，鼓励幼儿自由议事，自己设定过渡环节的规则，如排队如厕等，并督促幼儿集体遵守，选定或指定小小监督员。
适宜采用的过渡环节设置：手指谣、翻花绳等有利于同伴交往的活动。

大班：自主过渡。
幼儿自我管理和活动的能力较高，让幼儿自主安排过渡环节的活动内容。
适宜采用的过渡环节设置：照顾自然角、参与区域环境创设、自由选择等。

试教活动
- 试教班级：_____班；幼儿人数：_____人。
  试教时间：_____年_____月_____日，上午。
- 活动名称：
- 活动目标：
- 活动过程：
- 幼儿表现：
- 活动反思：

生活教育中的激励语言
- 对话是互动的起点，请用心倾听指导老师与幼儿的对话，学习如何与幼儿建立相互认可、相互支撑的关系。
- 晨间接待：你真可爱！笑眯眯地来上幼儿园，老师最喜欢你甜甜的微笑了。老师喜欢你，有什么事来告诉我，我会帮你的！
  其他记录：_____
- 盥洗：在水池里将小手甩一甩，让小水珠到水池里玩一玩。我来闻闻谁的小手最香？如果小手没有香味，那可要去抹香皂重洗一次。
  其他记录：_____
- 进餐：请值日生帮助老师做好进餐准备：××小朋友发渣盘，××小朋友发筷子，看谁的动作又轻又快。
  其他记录：_____
- 午睡：请先在自己的床边脱鞋，然后把脱下的鞋放整齐，鞋子是一对好朋友，要碰在一起放在床下。谁先闭上眼睛睡着，老师就会走到他的身边摸摸他。把内衣的"尾巴"藏进裤子里，看谁藏得好。
  其他记录：_____
- 请你自主思考，生活活动中，幼儿应该积累哪些有效保护自己、健康安全的知识与经验。请在空白处举例说明。
  温馨提示：可以从安全常识、健康常识、卫生常识等方面梳理与思考。

2.实践记录

幼儿园教育活动试教——自选领域实践记录表见表3-14。

表3-14 幼儿园教育活动试教——自选领域实践记录表

	实践前思考	你希望培养出什么个性的幼儿？结合你上学年观察的两个幼儿，想一想，然后写下来。
	观察幼儿学习的方式	在_____中学习，重复操作、模仿、从做中学是幼儿学习的常见方式。
		_____是主要的学习方式。
		在自我发现的过程中学习。
		感官和身体动作是幼儿探索、发现和学习的重要途径。
		在与人的互动中学习。
		学习经验是均衡而整合的学习。
幼儿园教育活动试教——自选领域	**幼儿学习的内容**	生活经验的获得、生活自理能力、独立能力。
		思考能力的培养、解决问题的能力、个人潜能的发展。
		学习方法的掌握。
		表达自己的能力、沟通技巧的提升，学习认识情绪和_____情绪。
		团体与社会规范的掌握。
		心灵上真、善、美的陶冶。
	听课	是否已观摩过幼儿园指导教师的教学活动？是（　　）否（　　）请完整地听一节课，并做好听课记录。
		时间：
		班级：
		主题名称：
		教师：
		教具准备：
		学习活动：
		学习目标：
		学习过程：
	试教	试教班级：
		试教时间：
		活动名称：
		活动目标：
		活动过程：

请根据班级主题教育的实际情况，在指导教师的帮助下，完成一个主题教育活动方案的设计并填写表3-15。

表 3-15　主题教育活动方案

活动名称：	班级：	
活动目标		
活动重难点		
活动准备	环境创设： 物质准备： 家园共育：	
活动过程		
活动延伸		

任务七　幼儿园教育活动试教——主题课程

本任务课件

1.实践总体要求

（1）实践指引

幼儿发展是一个多方面、多层次的动态过程，现代学习观和课程观提倡让幼儿通过各种形式的教育活动得到全面的发展。幼儿教师要综合考虑幼儿园的课程特色，结合本班幼儿实际，贴近幼儿生活来选择其感兴趣的事物和问题，制订切实可行的教育工作计划，在教育活动中拓宽幼儿的视野，实现主题课程和领域课程的互相补充，以及主题课程和环境创设的有机衔接。

（2）实践目的

①了解幼儿园主题课程的形式与内容。

②根据已设计完成的教育活动方案，自主开展主题教育活动。

（3）实践内容

幼儿园教育活动试教——主题课程的实践内容、实践目标和要求见表3-16。

表3-16　幼儿园教育活动试教——主题课程的实践内容、实践目标和要求

序号	实践内容	实践目标和要求
1	主题课程的形式及内容	通过深入实践了解幼儿园主题课程的形式及内容
2	主题教育活动试教	掌握主题教育活动组织与实施的方法和流程，在幼儿园开展试教

2.实践记录

幼儿园教育活动试教——主题课程实践记录表见表3-17。

主题活动环境环创
指导

表3-17 幼儿园教育活动试教——主题课程实践记录表

- 幼儿园教育活动试教——主题课程
  - 观察主题活动
    - 主题创设
      - 与_____相关 — 值得探索的问题。
      - 幼儿_____ — 教师注意搜集和整理幼儿的兴趣点，如幼儿谈话、_____、_____等。
      - 以_____为主 — 依据情境以幼儿的问题、兴趣点为主，确定主题，教师引导、启发、开拓幼儿的学习历程。
      - 学习目标 — 促进幼儿知识、经验的累积。
      - 发挥潜能 — 在研讨中，探寻知识，提高幼儿解决实际问题的能力。
      - 幼儿园开展过哪些主题教育活动？请在空白处记录。
    - 主题示例
      - 快乐的我 — 小班幼儿自我意识较弱，步入幼儿园后需要不断地提升自我认知。开展"我的小手变变变"主题学习活动，认识自己的外貌特征、五官四肢、性别差异等。
      - 蚂蚁的家 — 中班幼儿对蚂蚁的"家"很感兴趣，引发了一系列有关动物房子的探讨，如陆地上的房子、各种各样的房子、海底的房子等。
      - 长高了的我 — 大班幼儿可以围绕他们的身体变化设置主题教育活动，如"牙齿大变样""我更高了"，引发幼儿持续探索，树立理想。
  - 主题活动试教
    - 班级情况
      - 班级：_____；时间：_____。
      - 幼儿人数：
    - 主题概况
      - 主题来源：与幼儿讨论（ ），依据观察提出（ ）。
      - 思考要点：
        （1）幼儿的发展能力、兴趣、生活经验；
        （2）时令、节庆、新闻时事、偶发重要事件、重大活动；
        （3）本地文化特色；
        （4）教师本身专长；
        （5）结合小区、家长、幼儿园等资源；
        （6）对幼儿有吸引力、挑战性适度。
      - 主题确定：
  - 设计主题活动方案 — 结合观察，试设计一个主题课程教育活动方案，包括目标、准备、过程等，并及时评价与反思。

请结合幼儿园实践，完成对幼儿园主题课程的观察，填写表3-18。

表 3-18　主题课程观察记录表

时间：	班级：	活动名称：	记录人：	幼儿参与的观察记录（话语、行动）
本月活动主题				
活动目标				
课程记录：				
图片：（可拍摄活动中的照片并粘贴） 解说：				课程反思（课堂规则、教学方法、幼儿反应等）

请仔细观察并请教指导老师，了解所在幼儿园的课程特色，学习教师"周工作计划表"的填写方法。（可附上照片）

✦ 任务八　幼儿园区域活动的观察与设计

本任务课件

1.实践总体要求

（1）实践指引

游戏活动是一种基于0~6岁幼儿内在需要的自发、自主性活动，在幼儿园课程中占有十分重要的地位。游戏不但是幼儿身心发展水平的反映，还对促进幼儿身心发展有着重要的价值。幼儿喜爱的区域游戏活动，以及与他人一起玩耍、合作、模仿等经历，能带给他们愉快、有趣、成功的感受与体验。在区域游戏活动中，教师必须了解并尊重幼儿享有游戏的权利，保证游戏的时间。教师的主要任务是，通过游戏观察和了解幼儿，通过环境创设和适当的介入支持幼儿完成游戏。

（2）实践目的

①观察和了解幼儿的区域游戏活动内容。

②观察和了解幼儿区域游戏活动的类型及特点。

③根据幼儿的年龄特点选择和设计适宜的区域游戏活动。

（3）实践内容

幼儿园区域活动观察与设计的实践内容、实践目标和要求见表3-19。

表 3-19　幼儿园区域活动观察与设计的实践内容、实践目标和要求

序号	实践内容	实践目标和要求
1	区域游戏活动	通过观察进一步了解幼儿区域游戏活动的内容
2	区域游戏活动的类型及特点	结合实际，观察和了解幼儿区域游戏活动的类型和特点
3	区域游戏活动的选择和设计	根据幼儿的年龄特点选择和设计适宜的区域游戏活动

2.实践记录

幼儿园区域活动的观察与设计实践表见表3-20。

学习观察幼儿游戏
的行为

表 3-20　幼儿园区域活动的观察与设计实践记录表

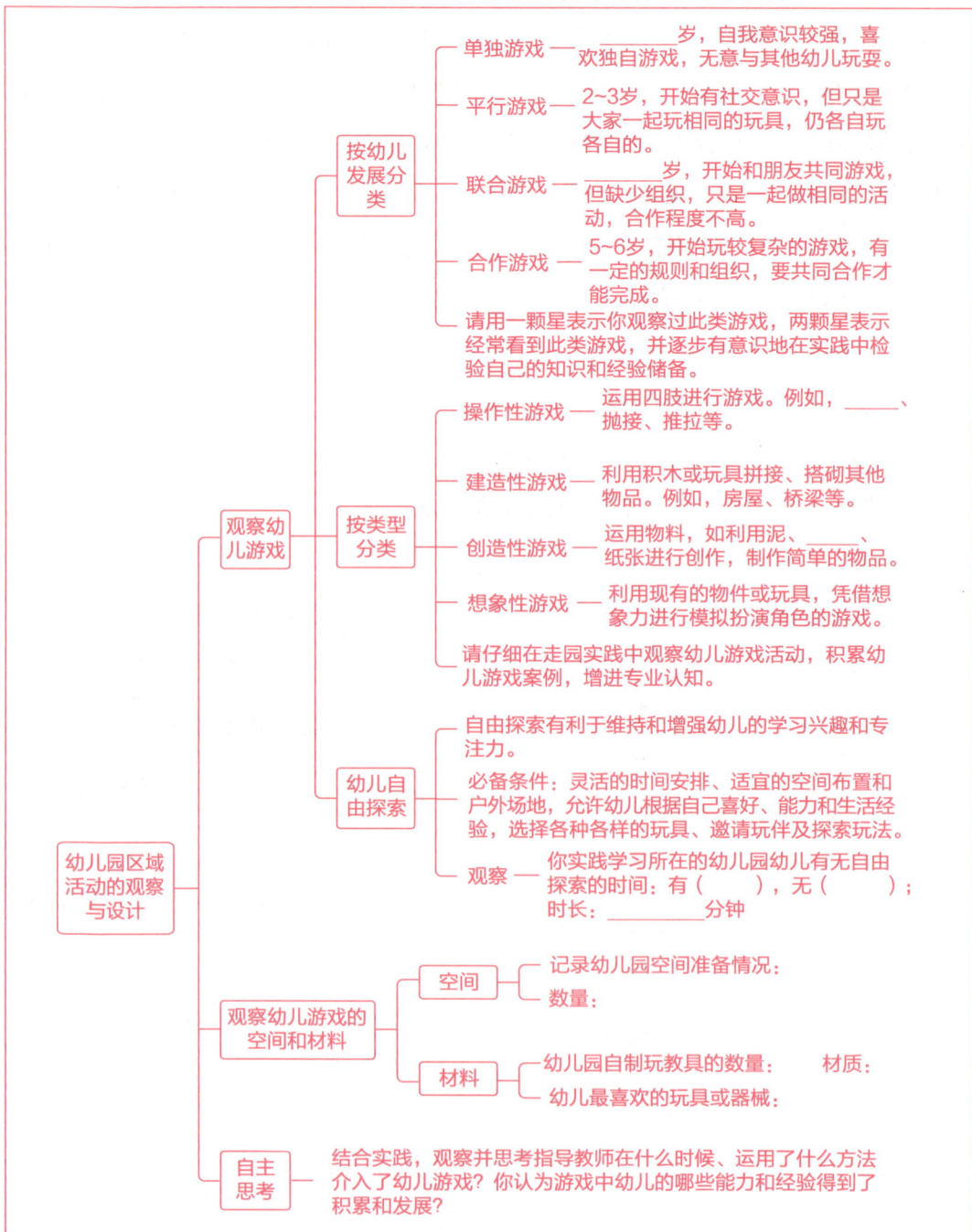

幼儿园区域活动的观察与设计

观察幼儿游戏

　按幼儿发展分类

- 单独游戏 —— _____岁，自我意识较强，喜欢独自游戏，无意与其他幼儿玩耍。
- 平行游戏 —— 2~3岁，开始有社交意识，但只是大家一起玩相同的玩具，仍各自玩各自的。
- 联合游戏 —— _____岁，开始和朋友共同游戏，但缺少组织，只是一起做相同的活动，合作程度不高。
- 合作游戏 —— 5~6岁，开始玩较复杂的游戏，有一定的规则和组织，要共同合作才能完成。
- 请用一颗星表示你观察过此类游戏，两颗星表示经常看到此类游戏，并逐步有意识地在实践中检验自己的知识和经验储备。

　按类型分类

- 操作性游戏 —— 运用四肢进行游戏。例如，_____、抛接、推拉等。
- 建造性游戏 —— 利用积木或玩具拼接、搭砌其他物品。例如，房屋、桥梁等。
- 创造性游戏 —— 运用物料，如利用泥、_____、纸张进行创作，制作简单的物品。
- 想象性游戏 —— 利用现有的物件或玩具，凭借想象力进行模拟扮演角色的游戏。
- 请仔细在走园实践中观察幼儿游戏活动，积累幼儿游戏案例，增进专业认知。

　幼儿自由探索

- 自由探索有利于维持和增强幼儿的学习兴趣和专注力。
- 必备条件：灵活的时间安排、适宜的空间布置和户外场地，允许幼儿根据自己喜好、能力和生活经验，选择各种各样的玩具、邀请玩伴及探索玩法。
- 观察 —— 你实践学习所在的幼儿园幼儿有无自由探索的时间：有（　　），无（　　）；时长：_____分钟

观察幼儿游戏的空间和材料

- 空间 —— 记录幼儿园空间准备情况： 数量：
- 材料 —— 幼儿园自制玩教具的数量：　　材质： 幼儿最喜欢的玩具或器械：

自主思考

- 结合实践，观察并思考指导教师在什么时候、运用了什么方法介入了幼儿游戏？你认为游戏中幼儿的哪些能力和经验得到了积累和发展？

（续表）

请你录制一段幼儿游戏活动的精彩视频，应用小程序生成二维码并粘贴在这里，记得将原视频保存上交。

二维码粘贴处

录制时间：

你的收获：

请你根据所在班级幼儿的实际情况，选择和设计一次区域活动方案。

任务九　幼儿园区域活动的试教

本任务课件

1.实践总体要求

（1）实践指引

幼儿区域活动是借助幼儿园环境创设条件、幼儿不同的兴趣和需要，自发、自主、自由的活动。区域活动对幼儿发展有重要的价值，能发展幼儿的想象力、创造力和交往能力，促进幼儿个性、社会性健康发展。幼儿教师积极组织和实施区域活动，在活动中观察幼儿、了解幼儿，同时优化环境创设并在活动中适当介入，能有效地提高自身的专业核心技能。

（2）实践目的

①掌握幼儿区域活动的观察和指导要点。

②自主完成幼儿区域活动设计并进行组织与实施。

（3）实践内容

幼儿园区域活动试教的实践内容、实践目标和要求见表3-21。

表 3-21　幼儿园区域活动试教的实践内容、实践目标和要求

序号	实践内容	实践目标和要求
1	观察和指导要点	观察并记录幼儿在区域活动中的表现，明确指导要点
2	试教	根据设计完成的幼儿区域活动方案进行活动的组织与实施

2.实践记录

幼儿园区域活动的试教实践记录表见表3-22。

幼儿园区域

表 3-22 幼儿园区域活动的试教实践记录表

幼儿园区域活动的试教

观察要点
- 美工区举例
- 幼儿是否有_____参与各种美工活动，专注、有热情？
- 幼儿能否自主选取材料，有计划并坚持完成作品？
- 遇到困难时，幼儿是否有_____，不轻易放弃？
- 幼儿能否在作品中创造性地表达自己的意图和想法？
- 幼儿是否具有规则意识，有序选择和整理材料。不妨碍、不打扰其他同伴，遇到冲突能处理？
- 温馨提示：教师通过对幼儿的_____、表情、_____了解其心理活动。

指导要点
- 耐心倾听幼儿对其作品的解释，了解其想法和感受。
- 尊重幼儿感受，接受自发活动，不随意指导，不随意否定。
- 不按照统一的标准进行_____，允许幼儿自由探索。
- 利用合适的方法进行启发，帮助幼儿思考，对不同水平幼儿给予不同层次的指导。

试教
- 活动名称：   试教时间：   幼儿人数：
- 活动区域：
- 活动准备：
- 操作要点：
- 观察要点：
- 指导要点：

问题
- 区域活动时间不充裕，幼儿的创作没有完成，这样的问题你遇到过吗？是（   ）   否（   ）
- 活动量：练习数量和强度太大，持续练习，幼儿容易厌烦和_____。

活动反思
- 与指导教师交流，请其对你的区域活动试教进行评价和指导。
- 自主思考，写下本次试教活动的亮点和不足，以及自己的感受。

亮点：

不足：

感受：

请记录自己本次实践学习的感受和收获，并与大家分享。

🔖 任务十　幼儿园户外活动的观察与设计

本任务课件

1.实践总体要求

（1）实践指引

幼儿园要为幼儿准备多种户外活动材料，鼓励幼儿自主选择自己喜欢的材料开展活动，并与同伴一起富有创造性地玩耍。一日生活中丰富多彩的户外游戏和体育活动，通过发展幼儿的感官机能，可以培养幼儿参加户外活动的兴趣和习惯，进而增强体质；提高对环境的适应能力，培养专注力与协调能力，促进幼儿大肌肉动作、精细动作与粗大动作的发展；幼儿可以在运动中感知力量，认识自身机能的限制，初步建立保护自己的安全意识，同时培养幼儿坚强、勇敢、不怕困难的意志品质和主动、乐观、合作的态度。通过本次实践，引导学前教育专业的学生在幼儿园系统地观察户外活动与体育活动的组织与开展，积累教学经验。

（2）实践目的

①观察和了解幼儿园户外活动。

②初步了解各年龄段幼儿粗大动作的发展特点。

③能结合幼儿年龄特征设计简单的体育活动与户外活动。

（3）实践内容

幼儿园户外活动的观察与设计的实践内容、实践目标和要求见表3-23。

表3-23　幼儿园户外活动观察与设计的实践内容、实践目标和要求

序号	实践内容	实践目标和要求
1	户外活动	通过观察了解幼儿园户外活动的组织与实施
2	幼儿动作发展	结合所学知识理解学龄前儿童粗大动作发展的三个阶段
3	户外活动设计	学习如何依据幼儿年龄段设计户外活动

2.实践记录

幼儿园户外活动的观察与设计实践记录表见表3-24。

早操指导活动细则

表 3-24　幼儿园户外活动的观察与设计实践记录表

- **幼儿户外活动的观察与设计**
  - **试教基础**
    - **户外活动时间**——户外活动正常情况下，幼儿户外活动的时间每天不得少于＿＿＿＿小时，寄宿制幼儿园不得少于三小时。
    - **粗大动作发展**
      - 动作协调、灵敏，具有一定的平衡能力和一定的力量与耐力。
      - **婴幼儿**：主要表现为能自由活动自己的身体，渐渐地，能在没有成人的帮助下，独立行走。
      - **学龄前儿童**
        - 做简单动作——如走、跑、爬，一级一级上下楼梯，尚不能交替双脚。
        - 尝试复杂动作——如交替双脚上下楼梯、双脚跳等，击中或踢中移动中的较大物体。
        - 协调完成复杂动作——如单脚向前跳、用羽毛球拍接飞过来的羽毛球，跳绳、踢毽子、边跑边踢球等。
    - **观察幼儿年龄**：班级：　年龄：　粗大动作发展：
  - **户外活动**
    - **早操**
      - 仔细观察你所在幼儿园的早操类别，在后面打对号。
      - 徒手操（　　　　）
      - 轻器械操（　　　　）
      - 动作模仿或各种变化的动作节奏（　　　　）
    - **户外游戏**——请记录幼儿园幼儿户外游戏的情况：　游戏名称：　游戏类别：　幼儿人数：　游戏锻炼和发展幼儿的能力：
    - **户外运动**
      - 基本动作：＿＿＿、＿＿＿、跳、踢、转、抛、＿＿＿、投、拍、推、拉、悬、滚、钻、攀、平衡。
      - 体育器械：球、绳、圈、积木、毽子、陀螺、童车、滑板、平衡台、羊角球、滑梯、秋千等。
      - 物品：桌、椅、梯子、纸箱、布袋、管道、轮胎、橡皮筋、棍棒、竹节等。
      - 请仔细观察，注意户外运动类型与器械的对应关系。
    - **大自然的活动**——远足、负重、爬山、游泳、溜冰、玩沙、玩水、玩雪。
  - **组织与安全**
    - **安全**
      - 幼儿：在大自然活动中知道不远离成人，在户外运动过程中学习自我保护的方法。
      - 幼儿：在区域内开展活动，不随便离开老师的视线范围。
      - 观察并记录在户外活动中，幼儿园老师对幼儿进行的安全教育、要求及细致照顾
      - 教师：活动前后必须要＿＿＿＿＿＿＿＿幼儿人数，不得遗漏。
      - 教师：活动前、中、后注意为幼儿添、减衣物，引导他们及时补充水分。
      - 请填写你观察到或想到的其他注意事项：
    - **口令试教**——请记录幼儿园有趣又好玩的口令，学习手势或哨音类的口令，组织幼儿开展试教。　安全类：　集散类：
    - **活动时间安排**——请观察和记录，幼儿园户外活动前热身工作、活动中体能训练、活动后有序放松的时间比例＿＿＿＿＿：＿＿＿＿＿：＿＿＿＿＿。
    - **早操试教**
      - 小班：以徒手操和模仿操为主，如动物模仿操、礼貌操等。
      - 中大班：主要分徒手操和轻器械操。徒手操，如武术操、韵律操等。
      - 早操时间：小班：＿＿＿＿分钟；中班：＿＿＿＿分钟；大班：＿＿＿＿分钟。
      - 小班：简单易学，富有趣味性。
      - 中班：统一规范，整齐有力。
      - 大班：动作灵活，富有变化。

请根据幼儿的年龄特点，充分利用教育资源，设计内容有趣、流程完整的户外活动方案，为入园试教任务做好前期准备。完成表3-25所示户外活动方案。

表 3-25 户外活动方案

活动名称：	班级：_____	时间：_____
活动目标		
活动重难点		
活动准备	环境创设： 物质准备：	
活动过程		
活动延伸		

✿ 任务十一　幼儿园户外活动的试教

本任务课件

1.实践总体要求

（1）实践指引

户外活动是幼儿在园一日生活的一个重要环节。3~6岁的幼儿正处在生长发育期，设计适用于幼儿生理特点的户外活动，可以发展幼儿的肢体动作，激发幼儿体育锻炼的兴趣，提高幼儿身体的适应能力、抗病能力，增强和改善体质，促进幼儿身体健康发展。同时，户外活动还能培养幼儿勇敢坚强、吃苦耐劳等品质，感受小组合作的荣誉感和成就感，提升幼儿的社会交往能力，是促进幼儿身心发展的有效途径。

（2）实践目的

①掌握幼儿园户外活动组织与实施的流程。

②明确幼儿园户外活动组织的基本要求。

③结合幼儿的年龄特点开展户外活动。

（3）实践内容

幼儿园户外活动试教的实践内容、实践目标和要求见表3-26。

表3-26　幼儿园户外活动试教的实践内容、实践目标和要求

序号	实践内容	实践目标和要求
1	户外活动的实施流程	通过观察了解幼儿园户外活动组织与实施的流程
2	试教	自主开展幼儿户外活动的组织与实施

2.实践记录

幼儿园户外活动的试教实践记录表见表3-27。

表3-27　幼儿园户外活动的试教实践记录表

- **活动目的**
  - 1.活动必须要有针对性和_____。
  - 2.依据幼儿对象、教学要求和_____等明确游戏活动的发展目的和教育目的。
  - 3.依据活动目的确定活动的内容和方法。
  - 4.幼儿在活动中的投入度，如注意力集中程度、情绪是否愉悦、活动持续性等。

- **基本技能**
  - 小、中、大班幼儿：掌握走、跑、_____、投掷、平衡、踢、钻、爬、攀登等动作技能。
  - 尝试利用体育活动器械及辅助材料，开展身体基本活动练习。
  - 一项活动以锻炼幼儿_____个基本动作技能为主。

- **身体素质**
  - 提高平衡、协调、速度、灵敏、柔韧、力量等身体机能。

- **试教**
  - 活动名称：　　　　　试教时间：　　　　　幼儿人数：
  - 活动准备：
  - 活动目的：
  - 活动过程：
  - 活动规则：

- **观察**
  - 运动负荷：对应活动强度，通常用心跳频率来表示。
  - 活动时间：幼儿连续参加活动的总时间、练习时间和间歇时间。
  - 运动量：练习数量和强度太大，持续练习，幼儿容易厌烦和____。
  - 请记录实践班级幼儿最喜欢的户外活动或游戏。

- **活动反思**
  - 与指导教师交流，请他对你的户外活动试教进行评价和指导。
  - 自主思考，写下本次试教活动的过程，并对其中的亮点和不足进行总结。

（幼儿户外活动的试教）

活动过程：

亮点：

不足：

（续表）

　　请将你在幼儿园围绕幼儿户外活动组织开展的试教活动，录制成一段精彩的视频，用小程序生成二维码并粘贴在这里，记得将原视频保存上交。

二维码粘贴处

录制的时间：

你的收获：

任务十二　幼儿观察与评价

本任务课件

1.实践总体要求

（1）实践指引

幼儿园课程评价是幼儿园课程设计、开发和实施的延伸，贯穿于课程发展的全过程。课程评价是教师运用专业知识对教育实践进行分析、调整的过程，也是促进幼儿富有个性发展的过程。课程评价一般包括对课程的评价、对教师的评价和对幼儿的评价等。本次实践主要聚焦幼儿评价，通过实践了解幼儿园促进幼儿全面发展的评价体系，以及学习和实践对幼儿开展评价的方法。

（2）实践目的

①观察和了解所在幼儿园的幼儿评价体系。

②学习开展幼儿评价的方法。

（3）实践内容

幼儿观察与评价的实践内容、实践目标和要求见表3-28。

表3-28　幼儿观察与评价的实践内容、实践目标和要求

序号	实践内容	实践目标和要求
1	幼儿评价体系	通过沟通深入了解所在幼儿园的幼儿评价体系
2	幼儿评价方法	结合实践学习开展幼儿评价的方法和途径

2.实践记录

幼儿观察与评价实践记录表见表3-29。

表 3-29　幼儿观察与评价实践记录表

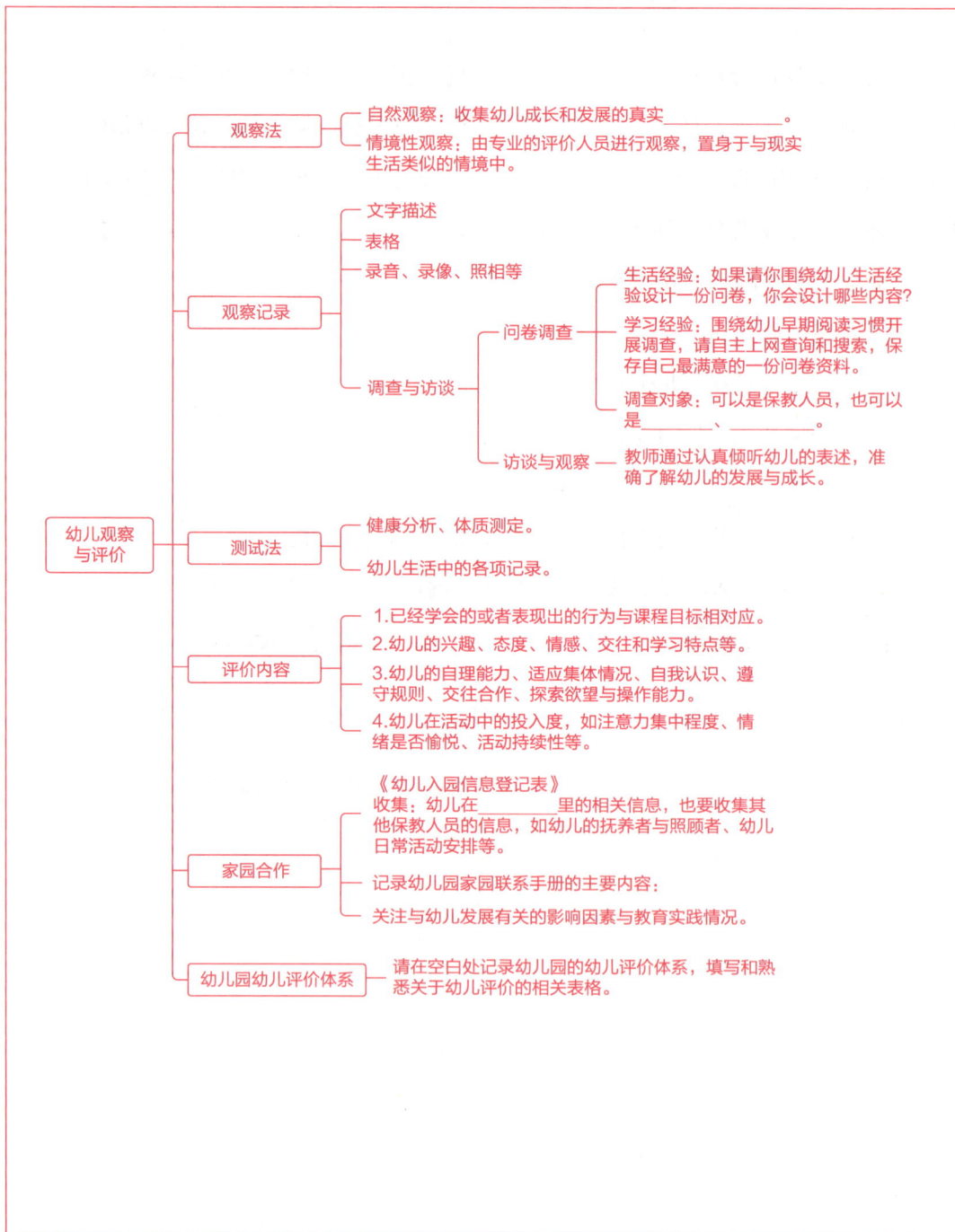

```
幼儿观察
与评价
├─ 观察法
│    ├─ 自然观察：收集幼儿成长和发展的真实_____。
│    └─ 情境性观察：由专业的评价人员进行观察，置身于与现实
│       生活类似的情境中。
│
├─ 观察记录
│    ├─ 文字描述
│    ├─ 表格
│    ├─ 录音、录像、照相等
│    └─ 调查与访谈
│         ├─ 问卷调查
│         │    ├─ 生活经验：如果请你围绕幼儿生活经
│         │    │   验设计一份问卷，你会设计哪些内容？
│         │    ├─ 学习经验：围绕幼儿早期阅读习惯开
│         │    │   展调查，请自主上网查询和搜索，保
│         │    │   存自己最满意的一份问卷资料。
│         │    └─ 调查对象：可以是保教人员，也可以
│         │        是_____、_____。
│         └─ 访谈与观察 ── 教师通过认真倾听幼儿的表述，准
│                           确了解幼儿的发展与成长。
│
├─ 测试法
│    ├─ 健康分析、体质测定。
│    └─ 幼儿生活中的各项记录。
│
├─ 评价内容
│    ├─ 1.已经学会的或者表现出的行为与课程目标相对应。
│    ├─ 2.幼儿的兴趣、态度、情感、交往和学习特点等。
│    ├─ 3.幼儿的自理能力、适应集体情况、自我认识、遵
│    │     守规则、交往合作、探索欲望与操作能力。
│    └─ 4.幼儿在活动中的投入度，如注意力集中程度、情
│          绪是否愉悦、活动持续性等。
│
├─ 家园合作
│    ├─ 《幼儿入园信息登记表》
│    │  收集：幼儿在_____里的相关信息，也要收集其
│    │  他保教人员的信息，如幼儿的抚养者与照顾者、幼儿
│    │  日常活动安排等。
│    ├─ 记录幼儿园家园联系手册的主要内容；
│    └─ 关注与幼儿发展有关的影响因素与教育实践情况。
│
└─ 幼儿园幼儿评价体系 ── 请在空白处记录幼儿园的幼儿评价体系，填写和熟
                          悉关于幼儿评价的相关表格。
```

学生自评表见表3-30。

表 3-30　学生自评表

自评日期：　　　年　　月　　日

我的长处	
需加强之处	
指导老师的建议	
下一步的计划	
贴心小贴士 （记录自己的经验与心得）	
积累的资源库	

备注：围绕自己在园内组织开展的教学活动填写此表。

教育活动组织评价表见表3-31。

表3-31　教育活动组织评价表

活动名称：

项目	评价细则	具体内容	分值	得分及重要原因
活动设计（20分）	活动设计体现《幼儿园教育指导纲要（试行）》要求和先进的教育理念	1. 活动目标针对性强，全面、具体、可操作	10	
		2. 设计大胆创新，体现《幼儿园教育指导纲要（试行）》要求和先进的教育理念	10	
活动准备（10分）	教学用具等准备充分	满足活动需要	8	
	场地的安排利用	场地利用充分，桌椅等摆放合理	2	
活动中教师的指导及师幼之间的关系（70分）	活动过程可有效落实目标，层层推进	1.落实目标，流畅自然，层层推进	20	
		2. 过程轻松愉快，师幼互动，体现新的教育思想	10	
	教学方法	适宜、有效，能充分调动幼儿学习的主动性和积极性	20	
	体现每位幼儿的发展和进步	1.大胆地表达和表现	10	
		2.技能、行为等的发展和进步	10	
总体评价				
			指导教师： 评价时间：	

实践任务总结见表3-32。

表 3-32　实践任务总结

姓名：	学号：	班级：	幼儿园名称：
实践幼儿园基本情况：			
实践目的：			
实践内容：			
实践收获：			

实践任务评定表见表3-33。

表 3-33　实践任务评定表

姓名：	学号：	实习班级：	总成绩（百分制）：

指导教师评语：

成绩（百分制）：

指导教师签名：

幼儿园盖章

年　　月　　日

带队教师评语：

成绩（百分制）：

带队教师签名：

年　　月　　日

备注：

（1）幼儿园指导教师评定内容主要包括入园实践学生的工作纪律、仪容仪表、对待幼儿和学习的态度、学习能力等方面。

（2）带队教师评定内容主要包括入园实践学生教学任务手册填写情况、实践总体表现及园方评价。

（3）入园实践任务总成绩由两部分组成：幼儿园评定占60%，带队教师评定占40%。

模块拓展

《3~6岁儿童学习与发展指南》

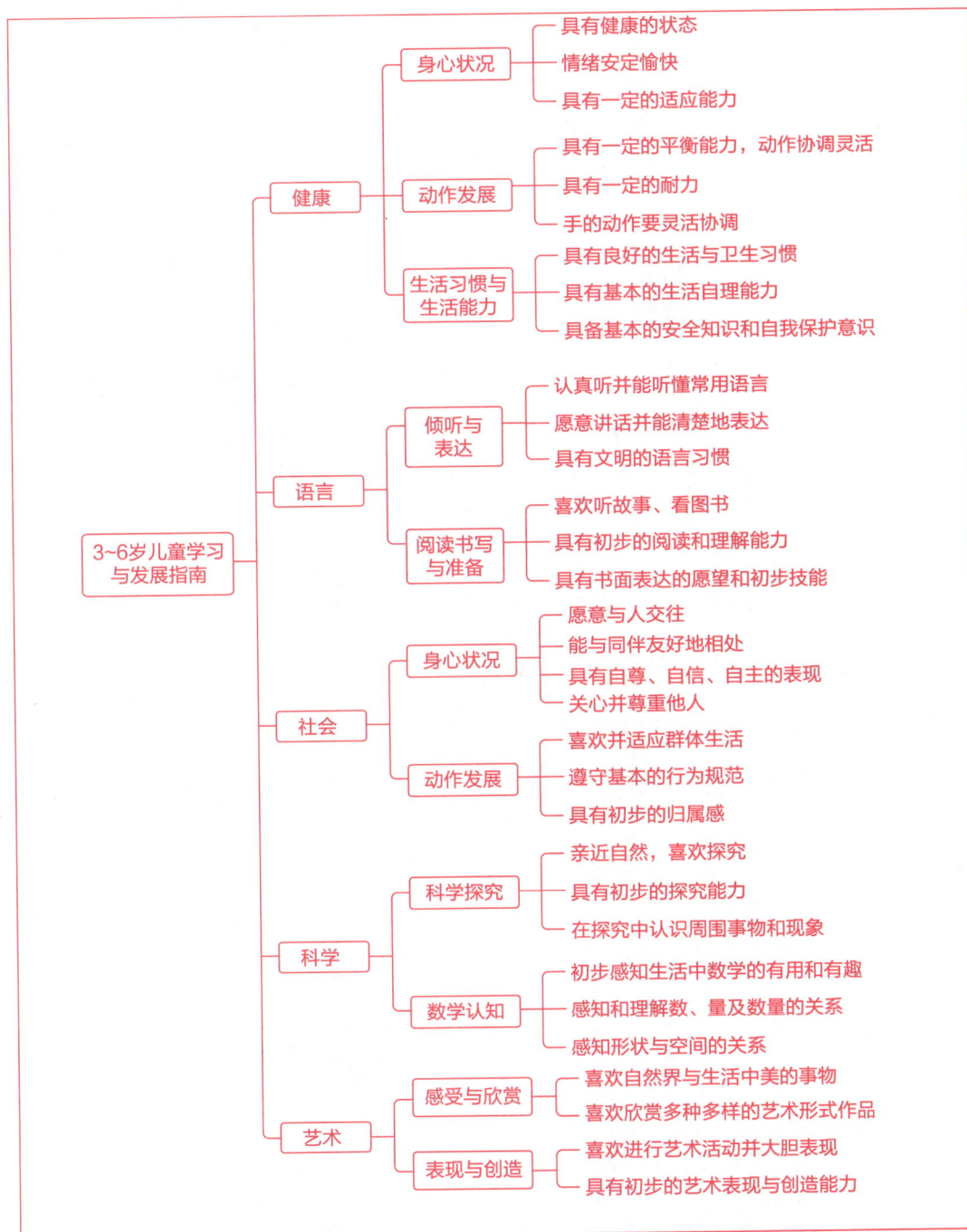

- **3~6岁儿童学习与发展指南**
  - **健康**
    - **身心状况**
      - 具有健康的状态
      - 情绪安定愉快
      - 具有一定的适应能力
    - **动作发展**
      - 具有一定的平衡能力，动作协调灵活
      - 具有一定的耐力
      - 手的动作要灵活协调
    - **生活习惯与生活能力**
      - 具有良好的生活与卫生习惯
      - 具有基本的生活自理能力
      - 具备基本的安全知识和自我保护意识
  - **语言**
    - **倾听与表达**
      - 认真听并能听懂常用语言
      - 愿意讲话并能清楚地表达
      - 具有文明的语言习惯
    - **阅读书写与准备**
      - 喜欢听故事、看图书
      - 具有初步的阅读和理解能力
      - 具有书面表达的愿望和初步技能
  - **社会**
    - **身心状况**
      - 愿意与人交往
      - 能与同伴友好地相处
      - 具有自尊、自信、自主的表现
      - 关心并尊重他人
    - **动作发展**
      - 喜欢并适应群体生活
      - 遵守基本的行为规范
      - 具有初步的归属感
  - **科学**
    - **科学探究**
      - 亲近自然，喜欢探究
      - 具有初步的探究能力
      - 在探究中认识周围事物和现象
    - **数学认知**
      - 初步感知生活中数学的有用和有趣
      - 感知和理解数、量及数量的关系
      - 感知形状与空间的关系
  - **艺术**
    - **感受与欣赏**
      - 喜欢自然界与生活中美的事物
      - 喜欢欣赏多种多样的艺术形式作品
    - **表现与创造**
      - 喜欢进行艺术活动并大胆表现
      - 具有初步的艺术表现与创造能力

模块四 幼儿园班级管理与家园共育

一、实践目标

（1）掌握幼儿园班级管理工作的基本内容和方法，加深对班级管理工作及其重要性的理解。

（2）树立正确的教育观、儿童观与教师观，初步掌握与家长沟通所必备的专业知识与技能。

（3）能结合幼儿各年龄段的特点开展班级管理，掌握班级管理的重点和技巧，积极建立班级管理文化，树立班级管理规范意识，以促进幼儿全面发展。

（4）能用适宜的方式开展家园共育工作，不断实践、提升、总结经验，丰富专业知识结构。

（5）掌握幼儿评价的基本方式，能综合利用各种教育资源，促进家园合作、社区共建、协同育人。

二、实践内容

（1）学习制订班务管理工作计划，能够分工明确并完成班级保教人员之间的密切配合。

（2）学习和实践开展班级管理的基本方法，熟悉幼儿生活管理的方法和技巧。

（3）理解幼儿认知发展的规律和影响因素，熟悉幼儿教育管理的方法和技巧。

（4）学习通过关注各年龄段幼儿的发展目标，营造班级育人氛围，制定班级管理常规，做好班级日常管理工作中的安全检查与防护。

（5）掌握幼儿成长过程性评价、家园联系栏等常见的评价与沟通方式和方法，拓展家园共育的途径，从而提高教育质量。

幼儿个案观察小档案

　　亲爱的同学们，我们第四学期的实践学习开始啦！经过了三个学期的实践，你们对幼儿园已经有了更深层次的了解，这学期我们将继续深入地了解幼儿园的班级管理与家园沟通等方面的内容。还记得你们上学期观察的那两位小朋友吗？你们打算继续观察他们吗？还是打算换两个小朋友来观察呢？

　　提示：继续上学期的观察或者更换观察对象都是允许的，若更换个案观察对象，应填写幼儿个案观察对象记录表（表格下载说明见本书前言）。每周入园实践结束时，请完成对应的观察记录。

任务一　了解班级管理与安全工作

本任务课件

1.实践总体要求

（1）实践指引

每个班级都有独特的精神风貌和特征，作为幼儿教师，如何建立信任，以赢得幼儿喜爱，如何通过班级管理树立威信，获得家长认可，这些都是必须学习和掌握的工作技能。建立班级常规要求，有助于形成良好的班级活动秩序，有助于培养幼儿的良好习惯，还有助于促进幼儿自律能力的发展。良好的班级管理有利于幼儿适应幼儿园集体生活并促进幼儿社会化，从而使其在集体中获得安全感、归属感，以保障班级事务顺利进行，减少由于人际冲突而带来的安全隐患。本次实践重点在于聚焦班级管理，通过在幼儿园的观察、实践、访谈，梳理并初步形成班级教师工作的思路与方法，形成专业发展的知识体系并掌握班级管理的核心技能。

（2）实践目的

①掌握幼儿园班级规模设置原则和班级管理工作重点。

②了解幼儿的发展特征和个性特长。

③掌握班级管理日常安全防护的要点。

（3）实践内容

了解班级管理与安全工作的实践内容、实践目标和要求见表4-1。

表 4-1　了解班级管理与安全工作的实践内容、实践目标和要求

序号	实践内容	实践目标和要求
1	班级管理	1.了解国家对幼儿园班级规模和师生配比的要求。 2.掌握班级管理的重点和要点，思考如何制定合理的班规
2	幼儿管理	1.了解班级教师有关幼儿发展全貌的信息搜集方法。 2.熟悉班级档案、家庭访谈、日常谈话、行为观察等工作技能
3	安全防护	了解班级管理日常安全防护的要点，以确保幼儿安全

2.实践记录

了解班级管理与安全工作实践记录表见表4-2。

幼儿园班级公约

表4-2 了解班级管理与安全工作实践记录表

班级管理与安全

班级规模
- 小班：3~4岁，班额：_____人。
- 中班：4~5岁，班额：_____人。
- 大班：5~6岁，班额：_____人。
- 混合班：_____人。

幼儿发展目标
- _____健康。
- 人格与社会性发展。
- 形成良好的生活习惯、心理感受、文明交往习惯。

幼儿管理技巧
- 与幼儿建立良好的关系，并促使幼儿之间在班级规则的基础上和谐共处。
- 让幼儿在集体中体验_____感和归属感。
- 深入了解幼儿的喜怒哀____，更自信和放松地和老师沟通与相处。
- 切忌：任何情况下，不能嘲笑、贬低或歧视幼儿。
- 请观察班级教师针对幼儿的违规、对抗或其他任性行为的处理方式，学习此情境下冷静处理的技巧与方法。
  记录：_____班；幼儿年龄：_____岁；时间段：集体教学、户外、游戏、过渡环节、其他：（　　　）。
  值得学习之处：
  态度情绪：
  方法技巧：

班级管理经验
- **班级固定资产**——幼儿园是否有班级固定资产与用品的登记表和保管制度？_____是_____否
- **生活常规**——请记录幼儿一日生活常规的执行情况：_____环节做得较好的幼儿：_____
  目的：培养幼儿良好的_____习惯与独立行为能力。
- **幼儿档案**——建立包括家庭状况在内的幼儿信息档案，迅速了解幼儿的成长环境及某些特殊经历，但必须注意幼儿的隐私保护。

班级安全管理
- 1.时常检查并确保室内外活动区域无安全隐患（如药品、清洁剂、装挂钩的位置、热源等）。
- 2.以接送卡或书面的方式确认可以接幼儿回家的人员名单，若临时有变化，应与家长及时联络沟通。
- 3.将紧急电话（消防、急救等）和家长联络方式置于易找到的地方或者存入手机通讯录。
- 4.通过让幼儿了解危险及安全的事物和某些行为的后果，帮助幼儿树立自我保护意识，使其明白在不了解事物的危险性时可以求助于老师。
- 5.了解并遵守幼儿园照料生病幼儿的程序，不自行喂药，配合保健人员保留健康监测、用药和急救的记录。

观察与记录
- 观察你所在班级教师和幼儿相处的情况，记录下令你印象深刻的细节。

请教指导老师，整理你所在幼儿园班级规则。

班级：_____班　　　　幼儿人数：

班级规则：

幼儿是否参与讨论：　　□是　□否

其他值得记录的内容：

任务二　了解幼儿教师班务工作

本任务课件

1.实践总体要求

（1）实践指引

班级管理是幼儿教师主要的工作内容之一，也是幼儿园最核心、最基础的管理工作。班级管理是教育目标达成、教育理念落实的必经途径，包括一日常规管理、班务管理、教学过程管理、教学效果管理等。其中，班务管理是对班级日常事务，每学期、每月、每周、每日工作事务，以及家园日常交流、家长会组织与召开等进行统筹管理。掌握班务管理工作的目标、思路和方法，并在实践中学以致用，可以促进班级保教分工顺利开展，促进班级与家庭和社区的合作，促进幼儿健康成长。

（2）实践目的

①掌握班级管理中班务管理的工作内容、工作要求和注意事项。

②观察班级保教团队合作的氛围和风貌，了解和谐团队交往和建设的方法。

③了解班务管理中开展家长工作的方法和技巧。

（3）实践内容

了解幼儿教师班务工作的实践内容、实践目标和要求见表4-3。

表4-3　了解幼儿教师班务工作的实践内容、实践目标和要求

序号	实践内容	实践目标和要求
1	班务管理	1.熟悉日常班务管理的工作内容。 2.掌握幼儿教师班级管理必备的资料和表格
2	团队建设	1.观察班级保教团队的氛围和风貌。 2.了解和谐团队建设的方法
3	家长工作	面对不同类型的家长，学习运用不同的交谈技巧和语言艺术，做好家园共育工作

2.实践记录

了解幼儿教师班务工作实践记录表见表4-4。

表 4-4　了解幼儿教师班务工作实践记录表

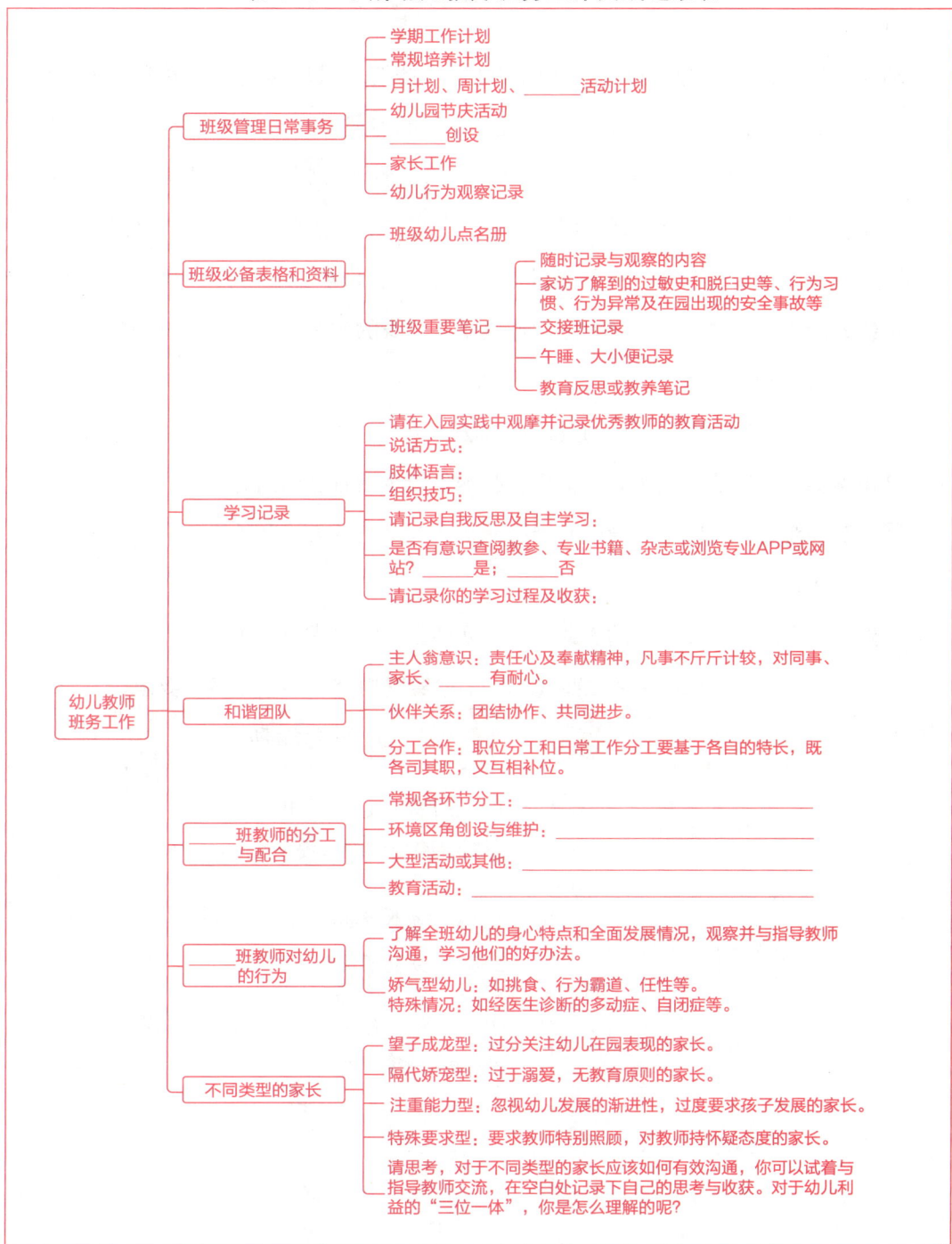

```
幼儿教师
班务工作
├─ 班级管理日常事务
│   ├─ 学期工作计划
│   ├─ 常规培养计划
│   ├─ 月计划、周计划、_____活动计划
│   ├─ 幼儿园节庆活动
│   ├─ _____创设
│   ├─ 家长工作
│   └─ 幼儿行为观察记录
│
├─ 班级必备表格和资料
│   ├─ 班级幼儿点名册
│   └─ 班级重要笔记
│       ├─ 随时记录与观察的内容
│       ├─ 家访了解到的过敏史和脱臼史等、行为习
│       │   惯、行为异常及在园出现的安全事故等
│       ├─ 交接班记录
│       ├─ 午睡、大小便记录
│       └─ 教育反思或教养笔记
│
├─ 学习记录
│   ├─ 请在入园实践中观摩并记录优秀教师的教育活动
│   ├─ 说话方式：
│   ├─ 肢体语言：
│   ├─ 组织技巧：
│   ├─ 请记录自我反思及自主学习：
│   ├─ 是否有意识查阅教参、专业书籍、杂志或浏览专业APP或网
│   │   站？_____是；_____否
│   └─ 请记录你的学习过程及收获：
│
├─ 和谐团队
│   ├─ 主人翁意识：责任心及奉献精神，凡事不斤斤计较，对同事、
│   │   家长、_____有耐心。
│   ├─ 伙伴关系：团结协作、共同进步。
│   └─ 分工合作：职位分工和日常工作分工要基于各自的特长，既
│       各司其职，又互相补位。
│
├─ 班教师的分工
│   与配合
│   ├─ 常规各环节分工：＿＿＿＿＿＿＿＿＿＿＿＿＿＿＿＿
│   ├─ 环境区角创设与维护：＿＿＿＿＿＿＿＿＿＿＿＿＿
│   ├─ 大型活动或其他：＿＿＿＿＿＿＿＿＿＿＿＿＿＿＿
│   └─ 教育活动：＿＿＿＿＿＿＿＿＿＿＿＿＿＿＿＿＿＿
│
├─ 班教师对幼儿
│   的行为
│   ├─ 了解全班幼儿的身心特点和全面发展情况，观察并与指导教师
│   │   沟通，学习他们的好办法。
│   └─ 娇气型幼儿：如挑食、行为霸道、任性等。
│       特殊情况：如经医生诊断的多动症、自闭症等。
│
└─ 不同类型的家长
    ├─ 望子成龙型：过分关注幼儿在园表现的家长。
    ├─ 隔代娇宠型：过于溺爱，无教育原则的家长。
    ├─ 注重能力型：忽视幼儿发展的渐进性，过度要求孩子发展的家长。
    ├─ 特殊要求型：要求教师特别照顾，对教师持怀疑态度的家长。
    └─ 请思考，对于不同类型的家长应该如何有效沟通，你可以试着与
        指导教师交流，在空白处记录下自己的思考与收获。对于幼儿利
        益的"三位一体"，你是怎么理解的呢？
```

任务三　班级生活管理实践（一）

本任务课件

1.实践总体要求

（1）实践指引

幼儿正处在人生的初始阶段，可塑性强、模仿能力强，这一阶段也正是幼儿形成良好生活习惯的关键阶段。对于幼儿来说，良好的习惯应在一日生活中持之以恒地培养。幼儿园生活管理主要包括入园、盥洗、餐食、饮水、睡眠、离园等环节的生活管理，教师要重点关注幼儿在园的环境安全、活动安全、饮食安全、日常卫生安全等，为幼儿营造良好的成长环境；更要通过班级生活管理让幼儿自觉遵守规则，自我约束，体会自我的价值感、独立感和能力感，养成受益终身的学习、思维和认知习惯。

（2）实践目的

①掌握班级管理中安全工作的目标和方法。

②观察幼儿园生活管理实践，整理和归纳班级生活管理的内容。

③了解围绕幼儿在园生活管理开展家园沟通与共育的方法和技巧。

（3）实践内容

班级生活管理实践（一）的实践内容、实践目标和要求见表4-5。

表 4-5　班级生活管理实践（一）的实践内容、实践目标和要求

序号	实践内容	实践目标和要求
1	班级安全工作	1.熟悉班级安全工作的内容。 2.掌握幼儿教师班级安全工作的技巧
2	班级生活管理	1.观察班级教师如何开展生活管理。 2.实践班级生活管理的方法和技巧
3	家园沟通与共育	学习围绕班级生活管理，运用交谈技巧和语言艺术，做好家园共育工作

2.实践记录

班级生活管理实践（一）记录表见表4-6。

常见意外事故及处理

表 4-6　班级生活管理实践（一）记录表

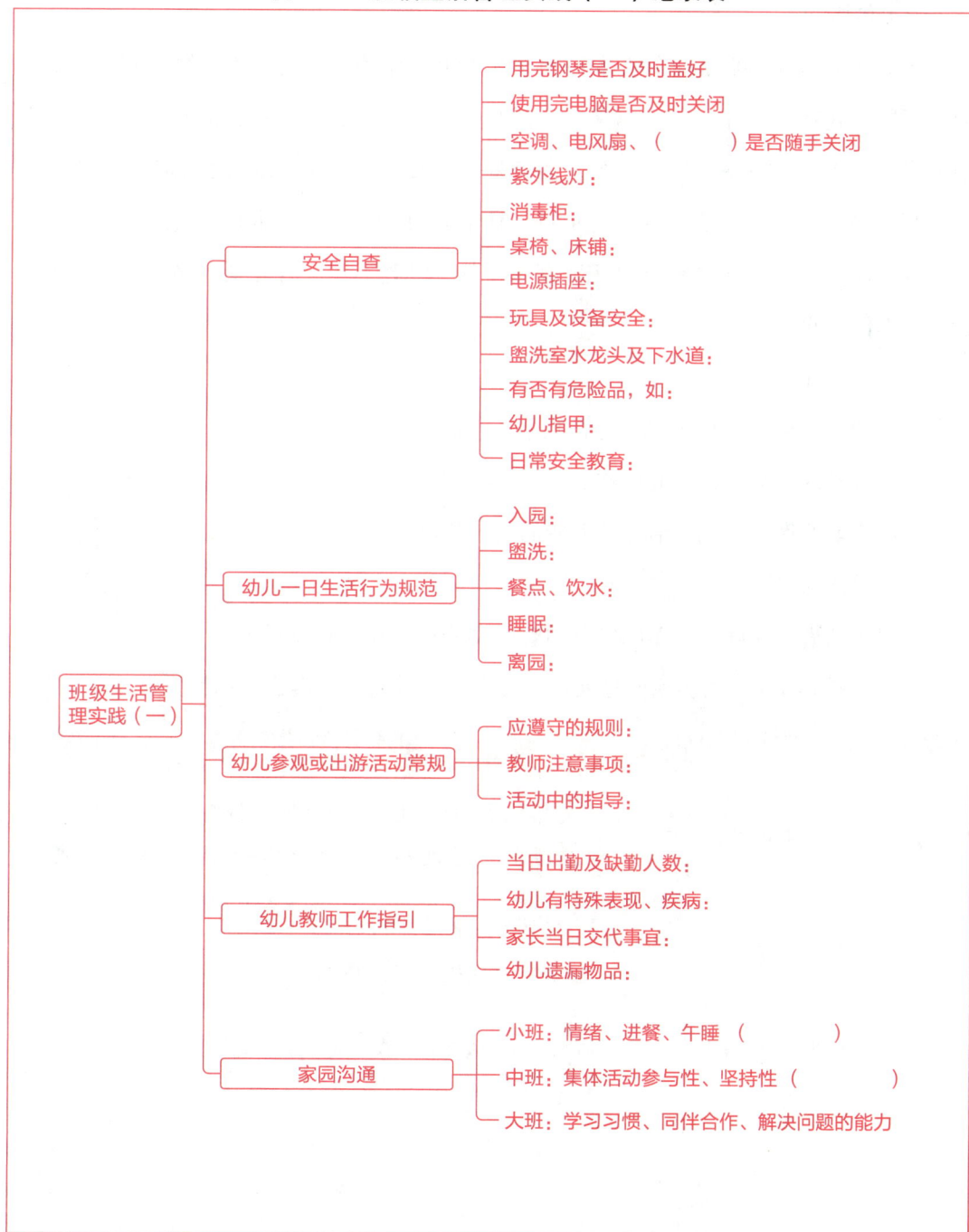

- 班级生活管理实践（一）
  - 安全自查
    - 用完钢琴是否及时盖好
    - 使用完电脑是否及时关闭
    - 空调、电风扇、（　　）是否随手关闭
    - 紫外线灯：
    - 消毒柜：
    - 桌椅、床铺：
    - 电源插座：
    - 玩具及设备安全：
    - 盥洗室水龙头及下水道：
    - 有否有危险品，如：
    - 幼儿指甲：
    - 日常安全教育：
  - 幼儿一日生活行为规范
    - 入园：
    - 盥洗：
    - 餐点、饮水：
    - 睡眠：
    - 离园：
  - 幼儿参观或出游活动常规
    - 应遵守的规则：
    - 教师注意事项：
    - 活动中的指导：
  - 幼儿教师工作指引
    - 当日出勤及缺勤人数：
    - 幼儿有特殊表现、疾病：
    - 家长当日交代事宜：
    - 幼儿遗漏物品：
  - 家园沟通
    - 小班：情绪、进餐、午睡（　　　　）
    - 中班：集体活动参与性、坚持性（　　　　）
    - 大班：学习习惯、同伴合作、解决问题的能力

任务四　班级生活管理实践（二）

本任务课件

1.实践总体要求

（1）实践指引

幼儿园主班教师是全面负责本班保育和教育工作的第一责任人，结合本班幼儿实际，要制订教育工作计划，并观察、分析、记录幼儿的日常与发展情况。在教育实践中要履行职责，积极钻研教育内容，富有爱心、责任心，工作细心、耐心，与本班其他教师、保育员一起安排和组织幼儿园一日生活的主要环节，将教育有机渗透在一日生活中；团结协作，开展班级的常规保育和卫生保健工作；有计划地做好与幼儿家长的沟通工作。

（2）实践目的

①掌握不同年龄段幼儿家园沟通的主要内容。

②了解开展班级家长会的形式。

③结合实践思考幼儿生活习惯养成的有效策略。

（3）实践内容

班级生活管理实践（二）的实践内容、实践目标和要求见表4-7。

表4-7　班级生活管理实践（二）的实践内容、实践目标和要求

序号	实践内容	实践目标和要求
1	家园沟通	1.熟悉不同年龄段幼儿的发展特点与规律。 2.能够分析并合理解决幼儿教育中的问题，开展家园沟通
2	班级家长会	1.了解班级家长会召开的目的。 2.掌握班级家长会召开的形式
3	生活习惯培养	掌握有关幼儿生活习惯养成的方法和技巧

2.实践记录

班级生活管理实践（二）记录表见表4-8。

保育员一日工作流程

表 4-8　班级生活管理实践（二）记录表

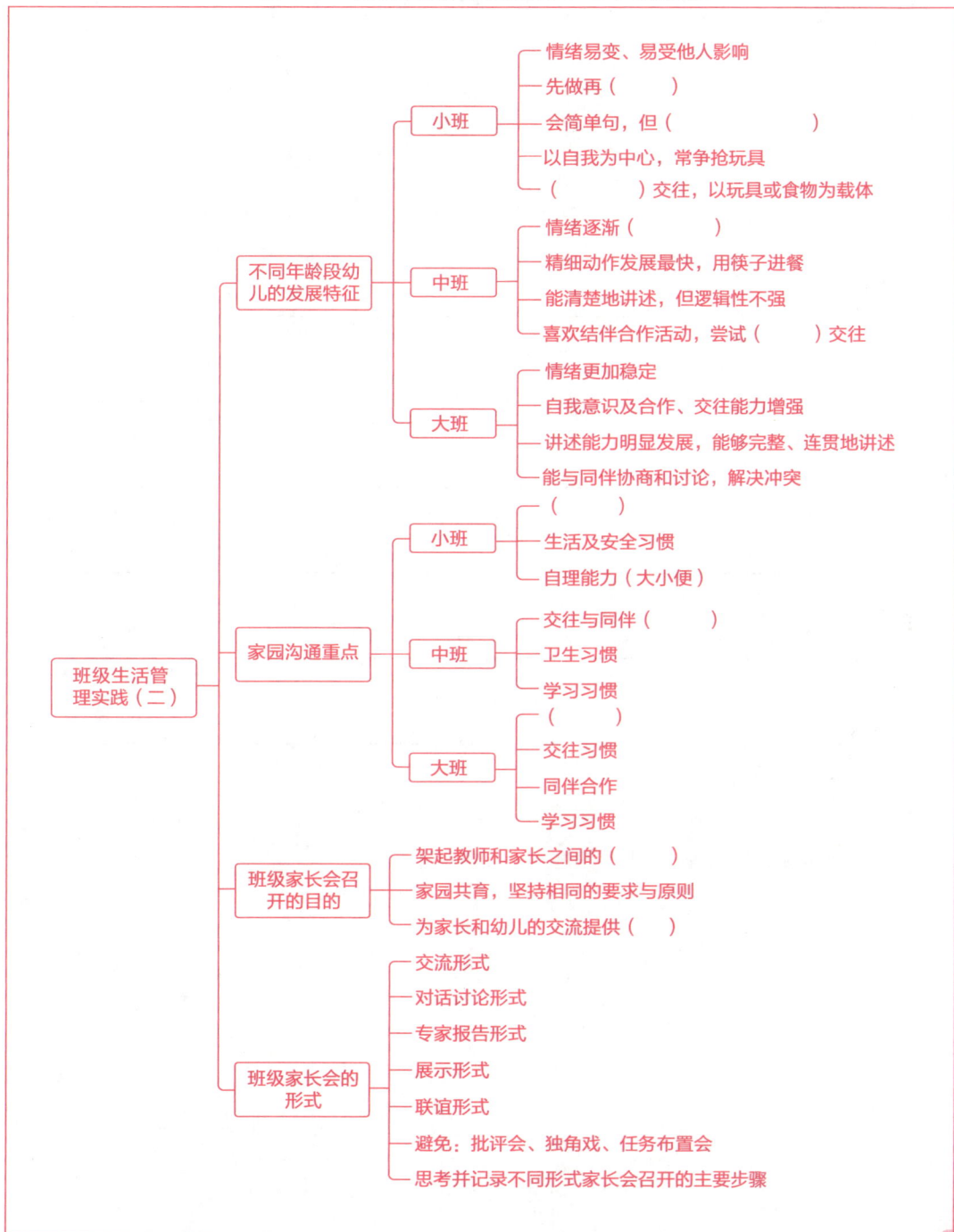

- **班级生活管理实践（二）**
  - **不同年龄段幼儿的发展特征**
    - **小班**
      - 情绪易变、易受他人影响
      - 先做再（　　　）
      - 会简单句，但（　　　　　）
      - 以自我为中心，常争抢玩具
      - （　　　　）交往，以玩具或食物为载体
    - **中班**
      - 情绪逐渐（　　　　）
      - 精细动作发展最快，用筷子进餐
      - 能清楚地讲述，但逻辑性不强
      - 喜欢结伴合作活动，尝试（　　　）交往
    - **大班**
      - 情绪更加稳定
      - 自我意识及合作、交往能力增强
      - 讲述能力明显发展，能够完整、连贯地讲述
      - 能与同伴协商和讨论，解决冲突
  - **家园沟通重点**
    - **小班**
      - （　　　　）
      - 生活及安全习惯
      - 自理能力（大小便）
    - **中班**
      - 交往与同伴（　　　）
      - 卫生习惯
      - 学习习惯
    - **大班**
      - （　　　　）
      - 交往习惯
      - 同伴合作
      - 学习习惯
  - **班级家长会召开的目的**
    - 架起教师和家长之间的（　　　）
    - 家园共育，坚持相同的要求与原则
    - 为家长和幼儿的交流提供（　　　）
  - **班级家长会的形式**
    - 交流形式
    - 对话讨论形式
    - 专家报告形式
    - 展示形式
    - 联谊形式
    - 避免：批评会、独角戏、任务布置会
    - 思考并记录不同形式家长会召开的主要步骤

依据所观察到的幼儿的实际情况，填写家园沟通前的准备单，见表4-9。

表 4-9　家园沟通前的准备单

班级：_____班　　　　　　　幼儿姓名：_____

教师姓名：_____

讨论内容与教育建议：

1._____

2._____

3._____

4._____

5._____

6._____

是否需要跟进：　　□无需跟进　　　□需跟进

跟进信息备注：

时间：_____

任务五　班级教育管理的观察与设计

本任务课件

1.实践总体要求

（1）实践指引

班级教育管理是幼儿教师对教育过程的管理，主要包括教育活动的设计与实施、教育过程的组织与管理、教育效果的评价与反馈。幼儿教师在组织班级教育活动时，要根据《3~6岁儿童学习与发展指南》的要求，结合幼儿的兴趣、需要和年龄特点进行科学管理，以完成教育目标，从而达到教育效果。同时，要培养幼儿良好的学习习惯，激发幼儿好奇心与兴趣，注重幼儿坚持性与专注力、主动性与创造力等学习品质的培养，促进幼儿良好品行的养成，不断提升其责任感、独立能力等，为幼儿未来的学习和生活奠定良好的基础。

（2）实践目的

①了解幼儿班级教育管理的主要内容。

②了解并掌握教育效果评价的主要形式。

③结合实践完成班级月工作计划的制订。

（3）实践内容

班级教育管理观察与设计的实践内容、实践目标和要求见表4-10。

表 4-10　班级教育管理观察与设计的实践内容、实践目标和要求

序号	实践内容	实践目标和要求
1	班级教育管理	1.掌握月工作计划的制订方法。 2.在实践中观察并学习集体教育活动的设计方法
2	教育评估	1.了解常见教育效果评价的形式。 2.初步掌握开展教学反思和评估的方式
3	月工作计划	结合实践学习班级月工作计划的制订方法

2.实践记录

班级教育管理的观察与设计实践记录表见表4-11。

表 4-11　班级教育管理的观察与设计实践记录表

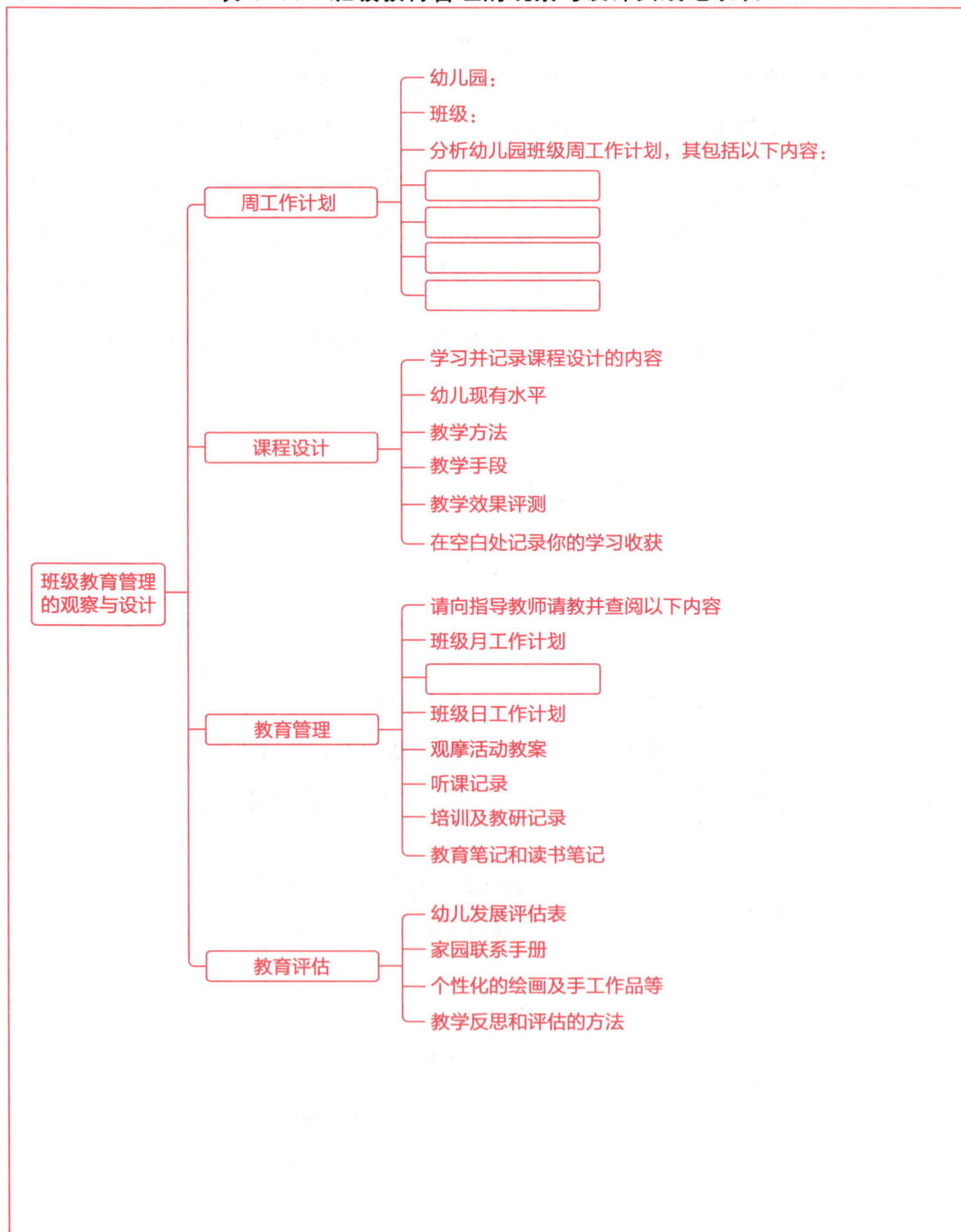

```
班级教育管理        ┌─ 周工作计划 ──┬─ 幼儿园：
的观察与设计        │               ├─ 班级：
                    │               ├─ 分析幼儿园班级周工作计划，其包括以下内容：
                    │               ├─ [        ]
                    │               ├─ [        ]
                    │               ├─ [        ]
                    │               └─ [        ]
                    │
                    ├─ 课程设计 ────┬─ 学习并记录课程设计的内容
                    │               ├─ 幼儿现有水平
                    │               ├─ 教学方法
                    │               ├─ 教学手段
                    │               ├─ 教学效果评测
                    │               └─ 在空白处记录你的学习收获
                    │
                    ├─ 教育管理 ────┬─ 请向指导教师请教并查阅以下内容
                    │               ├─ 班级月工作计划
                    │               ├─ [        ]
                    │               ├─ 班级日工作计划
                    │               ├─ 观摩活动教案
                    │               ├─ 听课记录
                    │               ├─ 培训及教研记录
                    │               └─ 教育笔记和读书笔记
                    │
                    └─ 教育评估 ────┬─ 幼儿发展评估表
                                    ├─ 家园联系手册
                                    ├─ 个性化的绘画及手工作品等
                                    └─ 教学反思和评估的方法
```

结合实践学习内容自主设计完成一份班级月工作计划，见表4-12。

表4-12　_____班_____月工作计划

工作重点		教育重点		
主题及目标		环创重点		
时间 内容	第1周	第2周	第3周	第4周
教育活动	健康			
	语言			
	社会			
	科学			
	艺术			

（续表）

工作重点		教育重点		
主题及目标		环创重点		
时间 内容	第1周	第2周	第3周	第4周
环境创设				
大型活动				
家长工作				

　　温馨提示：制订幼儿园班级月工作计划需要班级教师共同参与，在集体备课中分年龄组进行交流、讨论、补充、调整，经园长审核后方可打印张贴。

🌟 任务六　班级教育管理实践（一）

本任务课件

1.实践总体要求

（1）实践指引

教育活动是幼儿园教育实践的基本形式，是在一定的教育目的指引下的教师与幼儿以多种形式相互作用的总和。教育活动具有目的性与计划性、师幼双方共同参与、多种相互作用的形式等特征，包括游戏活动、生活活动和学习活动、运动等。教育活动的目标是教师根据幼儿的年龄特点、原有水平、活动的内容和性质来确定的，是具体地完成幼儿园教育任务、实现保教目标的基础。幼儿教师要学会在制订周工作计划的基础上，运用各种适宜的方式实施每日的教育活动，鼓励幼儿在活动中主动探索、交流合作、积极表达，有效观察幼儿在活动中的表现，并根据幼儿的需要给予适宜的指导。学会恰当地表述教育活动目标，是提高专业技能的重要途径。

（2）实践目的

①掌握教育活动的设计原则与实施步骤。

②能够准确地表述教育活动的目标。

③结合实践完成周工作计划的制订。

（3）实践内容

班级教育管理实践（一）的实践内容、实践目标和要求见表4-13。

表 4-13　班级教育管理实践（一）的实践内容、实践目标和要求

序号	实践内容	实践目标和要求
1	班级教育活动	1.掌握教育活动设计与实施的技能。 2.在实践中观察并学习教育活动的导入方法
2	教育活动目标	1.掌握教育活动目标表述的基本元素。 2.能够准确设计教育活动的目标
3	周工作计划	结合实践学习班级周工作计划的制订方法

2.实践记录

班级教育管理实践（一）记录表见表4-14。

表4-14 班级教育管理实践（一）记录表

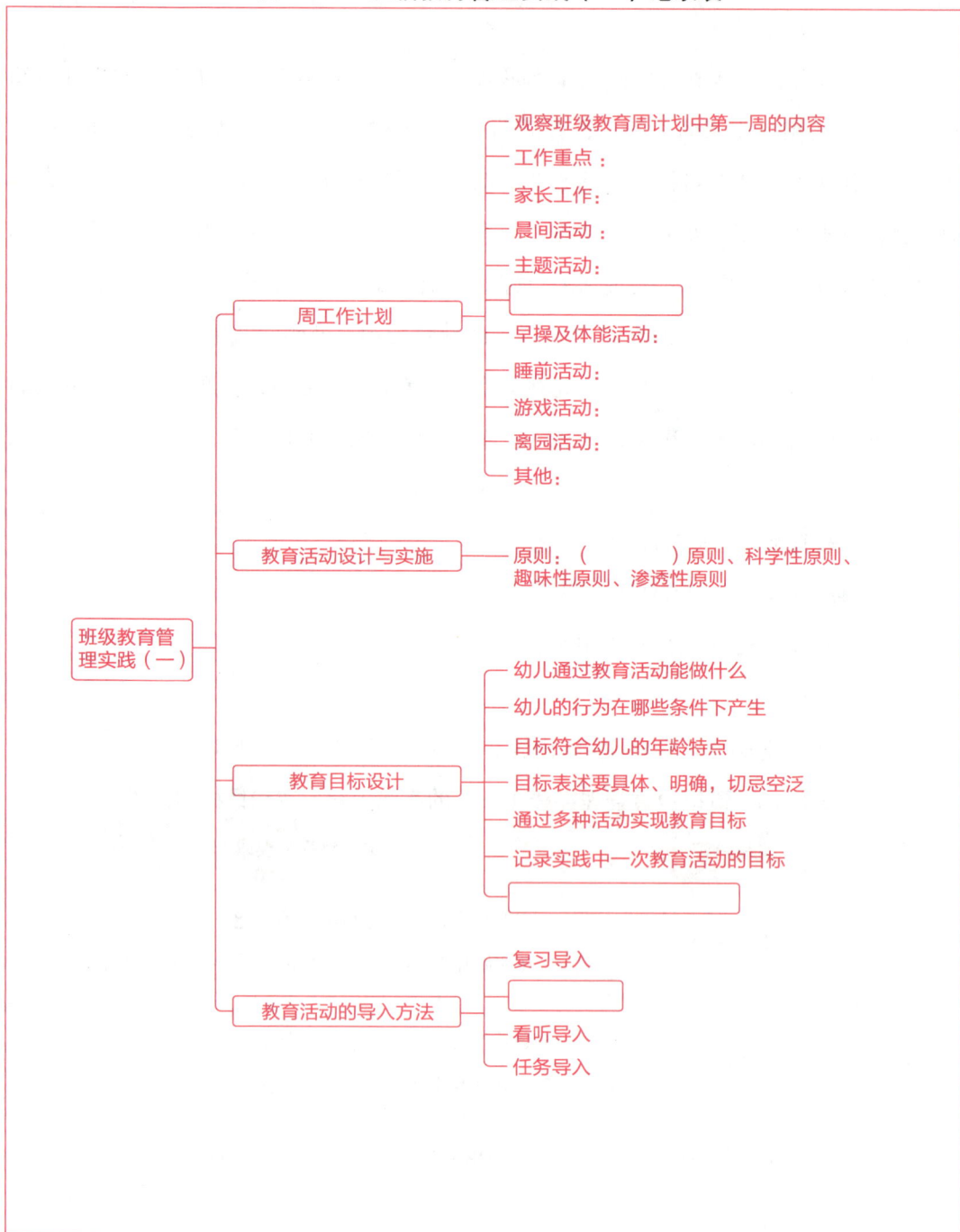

围绕实践，思考并填写班级教育管理周工作计划设计与实施的要点，如班级教师的讨论重点、计划制订的步骤、实施中的注意事项等。

周工作计划见表4-15。

表 4-15　周工作计划

班级：＿＿＿＿＿＿班

讨论重点、注意事项：

1.＿＿＿＿＿＿＿＿＿＿＿＿＿＿＿＿＿＿＿＿＿＿＿＿＿＿＿＿＿＿＿＿＿

2.＿＿＿＿＿＿＿＿＿＿＿＿＿＿＿＿＿＿＿＿＿＿＿＿＿＿＿＿＿＿＿＿＿

3.＿＿＿＿＿＿＿＿＿＿＿＿＿＿＿＿＿＿＿＿＿＿＿＿＿＿＿＿＿＿＿

4.＿＿＿＿＿＿＿＿＿＿＿＿＿＿＿＿＿＿＿＿＿＿＿＿＿＿＿＿＿　＿

5.＿＿＿＿＿＿＿＿＿＿＿＿＿＿＿＿＿＿＿＿＿＿＿＿＿＿＿＿＿＿＿＿＿

6.＿＿＿＿＿＿＿＿＿＿＿＿＿＿＿＿＿＿＿＿＿＿＿＿＿＿＿＿＿＿＿＿＿

实践中学习到的内容：

时间：＿＿＿＿＿＿＿＿＿＿＿＿＿

★ 任务七　班级教育管理实践（二）

本任务课件

1.实践总体要求

（1）实践指引

幼儿园教育活动是一种由教师"教"和幼儿"学"所构成的师幼双边活动，必须由教师和幼儿共同参与、相互配合、一起承担。从狭义上说，幼儿园教育活动是指幼儿教师在一定时间内专门组织的教育活动；从广义上来说，幼儿园教育活动包括在幼儿园内所发生的一切活动，幼儿教师要科学合理地安排幼儿的一日生活活动，在选择和设计活动时应基于幼儿的经验，注重内容的积极性、正面性，能引发幼儿愉快情绪，使幼儿在获得知识的同时，发展他们良好的道德情感和审美情感。同时，幼儿教师应使各个教学环节充满趣味性，引发幼儿学习兴趣，激发幼儿积极性和求知欲，充分考虑幼儿的可接受性，要符合认知规律，注意由浅到深、由易到难、循序渐进。幼儿教师要有随机教育的意识，要善于利用各种条件对幼儿进行教育。

（2）实践目的

①学习和实践教育活动开展中的提问技巧。

②掌握教育活动实施中提问及有效回应的策略。

③能够结合实践学习撰写简案和详案。

（3）实践内容

班级教育管理实践（二）的实践内容、实践目标和要求见表4-16。

表4-16　班级教育管理实践（二）的实践内容、实践目标和要求

序号	实践内容	实践目标和要求
1	教育活动	1.观摩骨干教师开展的教育活动。 2.实践教育活动，思考实施中的提问技巧
2	有效提问	1.思考课堂提问环节容易出现的问题。 2.明确提问设计的基本原则
3	教案设计	能够结合实践学习撰写简案和详案

2.实践记录

班级教育管理实践（二）记录表见表4-17。

表 4-17　班级教育管理实践（二）记录表

班级教育管理实践（二）

实践观摩

观摩活动：
（　　）班　（　　）人

导入环节：

提问语言记录：

幼儿回应记录：

我的收获与思考：

有效提问

常见问题：
1.过于（　　），无思考价值。2.缺乏（　　），没有围绕目的和重点。3. 过于笼统，意思不确切。4.形式简单，没有变换。

遵循年龄特点，注意幼儿（　　）和（　　）。

围绕教学的（　　）和重点来设计，要有针对性。

提问要明确、贴切，有助于幼儿思考和回答。

提问应引发幼儿想象，具有启发性。

教学简案

每个活动由两部分组成：活动目标和（　　）环节。

从网上搜索一个教学简案。

思考并撰写教学简案的利与弊。

目标表述要具体、明确，切忌空泛。

通过多种活动实现教育目标。

教学详案

设计的教学环节都有主要的大问题，而每个大问题都包含一系列小问题，辅助提问即为每个小问题的设计要点。

结构：目标、准备、过程。

请围绕实践经验，仔细阅读表4-18所示的中班简案，然后完整地设计一份教学活动详案，填写表4-19。

表4-18 火车什么样（中班简案）

活动目标：1.观察和了解火车，比较与汽车的不同，体会火车为出行带来的便利性。

2.结合生活经验，讲述乘坐火车的规则。

活动准备：收集火车的资料、火车的相关图片。

活动过程：

1.认识火车

导语：今天我们来认识一个新朋友。首先，让我们猜猜它是谁？（谜语：长长一条龙，走路轰隆隆，跨河又钻洞，呜呜向前冲。）

2.了解火车

（1）观看火车图片

看看火车是由哪些部分组成的？教师可以和身边的小朋友一起讨论。

小结：你们观察得真仔细。火车是由一个大大的火车头、很多节车厢，以及底部许多大大小小的轮子组成的。

（2）交流自己乘火车的经验

你们有没有乘坐过火车啊？乘坐火车给你们带来怎样的感受呢？

你们在乘坐火车时，有没有思考过火车是由哪些部分组成的？

小结：火车里有厕所、餐厅，有的火车里还有睡觉的床铺。

（3）火车和汽车的比较

火车可以把我们从一个地方送到另一个地方，汽车也可以，它们有什么不同呢？

小结：火车比汽车长，因为它有很多节车厢，每节车厢都能乘坐很多人，所以火车承载的人数也比汽车多。火车是在铁轨上行驶的，而汽车是在大马路上行驶的。

表 4-19　火车什么样（中班详案）

活动目标：

活动准备：

活动过程：

任务八　班级区域活动实践

本任务课件

1.实践总体要求

（1）实践指引

区域活动是幼儿一种重要的自主活动形式，它是以快乐和满足为目的，以动手操作为方式的自主性学习活动。区域活动充分体现了"玩中学、做中学"。在区域活动中，幼儿参与积极性高，能积极动脑、大胆创作。这是因为，一方面幼儿对周围的一切充满了好奇，驱使他们去游戏、去探索；另一方面，幼儿借助游戏以达到对现实生活的体验，满足好奇心。区域活动的开展能有效地促进幼儿良好个性的发展，通过互相交往、合作，提高幼儿处理问题、解决问题的能力，同时还促进了幼儿良好个性的发展。本次实践重点在于通过观察和实践区域活动，了解幼儿的学习方式与发展特点，学习创设富有特色的区域环境，掌握适宜的区域指导策略和方法，从而促进幼儿充分地发展。

（2）实践目的

①观察和实践班级区域活动的组织开展。

②掌握区域活动组织和指导的策略。

③结合实践完成幼儿区域活动的观察记录。

（3）实践内容

班级区域活动实践的实践内容、实践目标和要求见表4-20。

表4-20　班级区域活动实践的实践内容、实践目标和要求

序号	实践内容	实践目标和要求
1	环境创设	1.观察幼儿园环境的构成。 2.思考和实践如何根据各年龄段幼儿的实际情况创设变换的环境
2	区域指导	1.观察教师如何进行区域活动指导。 2.掌握开展区域活动的指导方法
3	观察记录	对区域活动进行观察和记录，并进行实践反思

2.实践记录

班级区域活动实践记录表见表4-21。

表 4-21　班级区域活动实践记录表

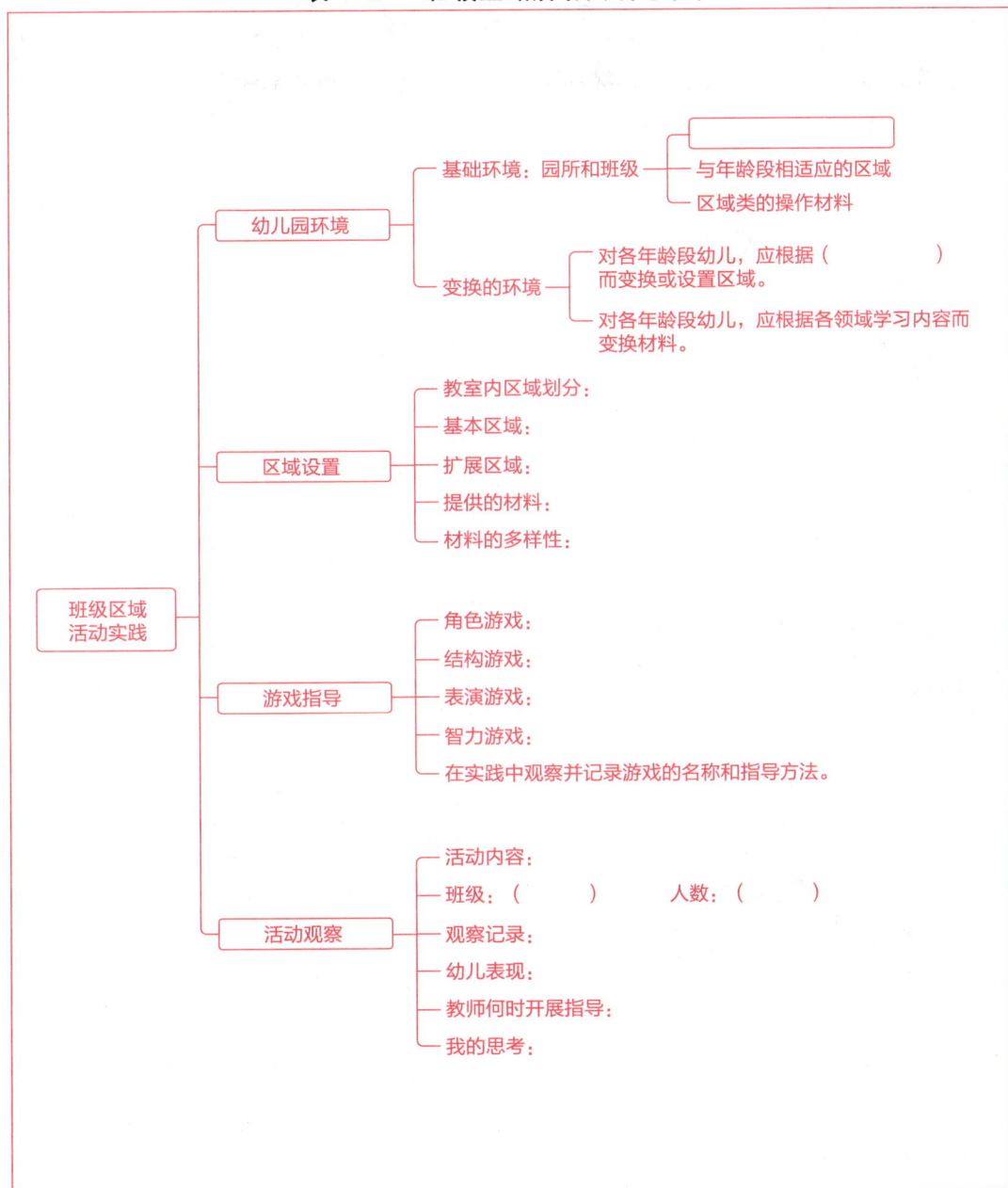

```
                                ┌─ 基础环境：园所和班级 ──┬─ ┌────────────────┐
                                │                        ├─ 与年龄段相适应的区域
              ┌─ 幼儿园环境 ─────┤                        └─ 区域类的操作材料
              │                 │
              │                 └─ 变换的环境 ──┬─ 对各年龄段幼儿，应根据（　　　　　　）
              │                                 │   而变换或设置区域。
              │                                 └─ 对各年龄段幼儿，应根据各领域学习内容而
              │                                     变换材料。
              │
              │                 ┌─ 教室内区域划分：
              │                 ├─ 基本区域：
              ├─ 区域设置 ───────┼─ 扩展区域：
              │                 ├─ 提供的材料：
              │                 └─ 材料的多样性：
 班级区域 ─────┤
 活动实践      │                 ┌─ 角色游戏：
              │                 ├─ 结构游戏：
              ├─ 游戏指导 ───────┼─ 表演游戏：
              │                 ├─ 智力游戏：
              │                 └─ 在实践中观察并记录游戏的名称和指导方法。
              │
              │                 ┌─ 活动内容：
              │                 ├─ 班级：（　　　）　　　　人数：（　　　）
              └─ 活动观察 ───────┼─ 观察记录：
                                ├─ 幼儿表现：
                                ├─ 教师何时开展指导：
                                └─ 我的思考：
```

结合实践和反思，完成幼儿园区域活动观察记录表（见表4-22），并请指导教师签字。

表 4-22　幼儿园区域活动观察记录表

观察对象		年龄		性 别	
所在区角		观察时间		指导教师	
观察 情况 记录					
分析和措施					
效果					
指导教师 意见					

🔖 任务九　主题教育活动下的家园共育

本任务课件

1.实践总体要求

（1）实践指引

主题课程是以幼儿生活中的主题为核心而设计的课程，将主题建构作为教育内容的组织形式，具有多层次的综合功能，追求的是教育内容的整合。现阶段，幼儿园开展的主题课程大多是以幼儿的兴趣为出发点而选择主题，可以较好地满足幼儿的发展需要和探究兴趣，这种倾向演绎了新的教育观和课程观。作为幼儿教师，要善于从幼儿关注的话题中寻找主题。比如，从幼儿近期谈话内容或倾向中寻找主题，从吸引幼儿的事件中寻找主题，从幼儿的角色行为中寻找主题，从幼儿感兴趣的艺术作品和文学作品中寻找主题。这就需要幼儿教师具有敏锐的觉察力，以及通过家园沟通与合作为幼儿学习创设良好教育环境的能力。

（2）实践目的

①观摩和学习幼儿园开展的主题课程。

②掌握设计主题课程的步骤。

③学习围绕主题活动开展家园沟通与合作。

（3）实践内容

主题教育活动下的家园共育的实践内容、实践目标和要求见表4-23。

表 4-23　主题教育活动下的家园共育的实践内容、实践目标和要求

序号	实践内容	实践目标和要求
1	观摩课程	1.观摩骨干教师开展的主题教育活动。 2.思考主题来源和主题线索的确定方法
2	主题设计	1.掌握设计主题课程的步骤。 2.熟悉主题活动方案的设计与实施
3	家园共育	运用主题设计策略，掌握协同家长创建教育环境的方法

2.实践记录

主题教育活动下的家园共育实践记录表见表4-24。

幼小衔接—我上小学了

表 4-24　主题教育活动下的家园共育实践记录表

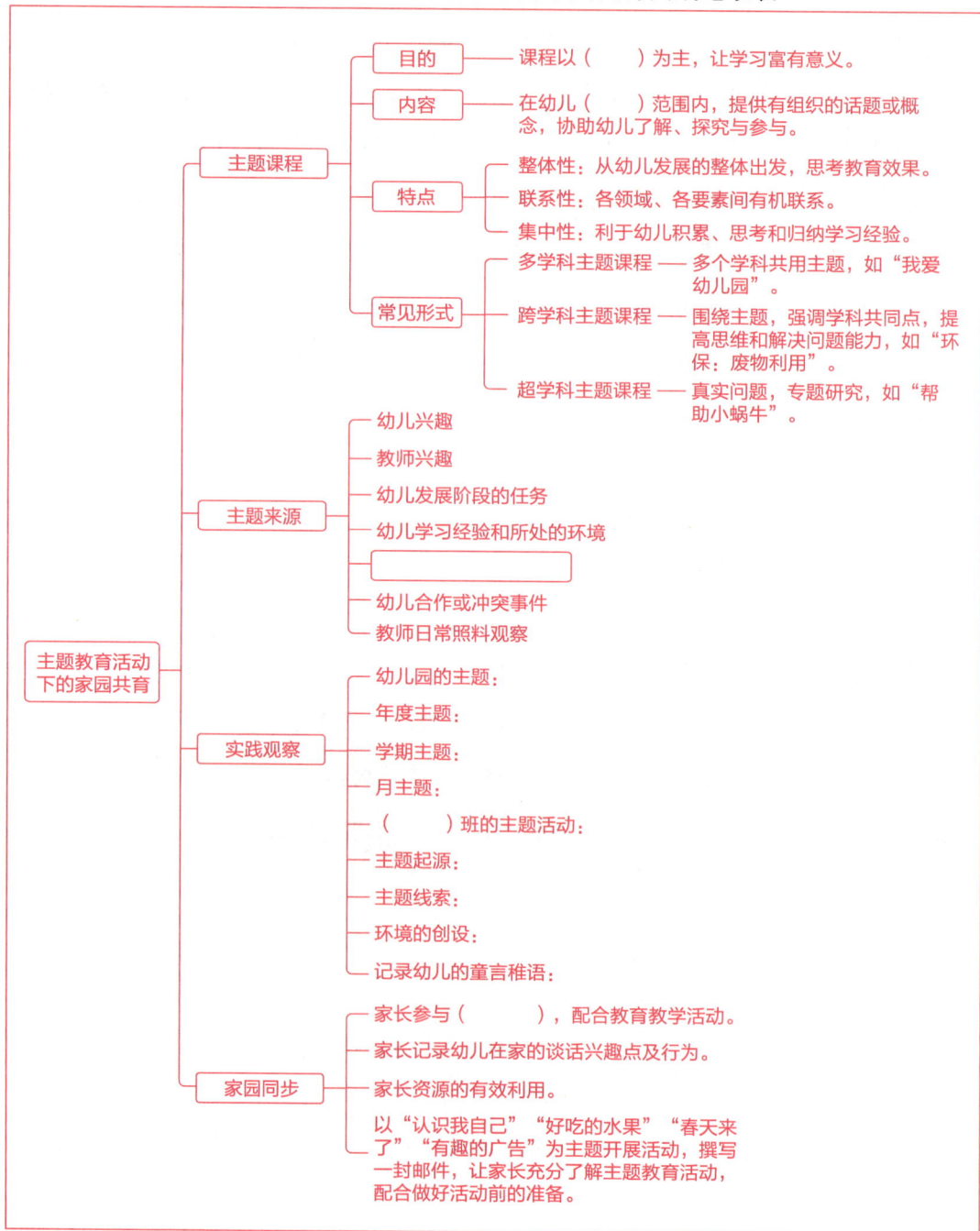

- 主题教育活动下的家园共育
  - 主题课程
    - 目的 —— 课程以（　　）为主，让学习富有意义。
    - 内容 —— 在幼儿（　　）范围内，提供有组织的话题或概念，协助幼儿了解、探究与参与。
    - 特点
      - 整体性：从幼儿发展的整体出发，思考教育效果。
      - 联系性：各领域、各要素间有机联系。
      - 集中性：利于幼儿积累、思考和归纳学习经验。
    - 常见形式
      - 多学科主题课程 —— 多个学科共用主题，如"我爱幼儿园"。
      - 跨学科主题课程 —— 围绕主题，强调学科共同点，提高思维和解决问题能力，如"环保：废物利用"。
      - 超学科主题课程 —— 真实问题，专题研究，如"帮助小蜗牛"。
  - 主题来源
    - 幼儿兴趣
    - 教师兴趣
    - 幼儿发展阶段的任务
    - 幼儿学习经验和所处的环境
    - 　　　　　　
    - 幼儿合作或冲突事件
    - 教师日常照料观察
  - 实践观察
    - 幼儿园的主题：
    - 年度主题：
    - 学期主题：
    - 月主题：
    - （　　）班的主题活动：
    - 主题起源：
    - 主题线索：
    - 环境的创设：
    - 记录幼儿的童言稚语：
  - 家园同步
    - 家长参与（　　　　），配合教育教学活动。
    - 家长记录幼儿在家的谈话兴趣点及行为。
    - 家长资源的有效利用。
    - 以"认识我自己""好吃的水果""春天来了""有趣的广告"为主题开展活动，撰写一封邮件，让家长充分了解主题教育活动，配合做好活动前的准备。

主题课程的实施离不开家园的合力，请根据大班"有趣的广告"主题（其网络图见图4-1），从家长的角度自主思考并完成主题课程亲子任务卡。

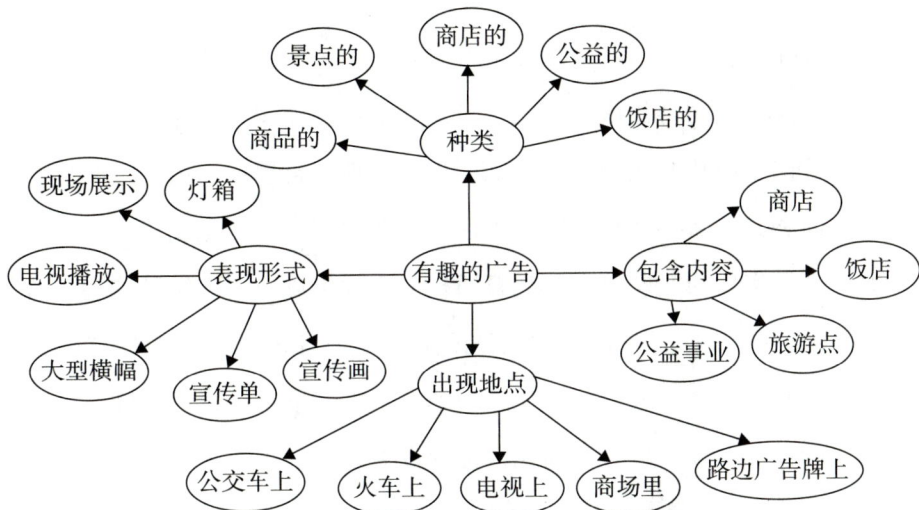

图4-1 "有趣的广告"主题网络图

主题课程亲子任务卡

大班主题：有趣的广告

班级：大班

题目：有趣的广告

亲爱的家长：

活动形式：

谈话、搜索、归纳、整理。

学习提示：

通过观察、谈话等方式能促进幼儿语言的发展，以及专注力和观察力的提升。

❦ 任务十　家园沟通与合作

本任务课件

1.实践总体要求

（1）实践指引

　　家庭是幼儿园重要的合作伙伴，家长是幼儿的第一位老师，家庭的环境、父母的教育都会对幼儿产生潜移默化的影响。幼儿生活习惯、自理能力需要家庭保持一贯地引导，学习习惯和品质需要家长持续地关注。幼儿园家长工作是实施家园共育、家校联结的桥梁，也是实现幼儿园保育与教育目标的重要措施。落实家园沟通与合作，幼儿园应建立家园联系制度，多形式多渠道与幼儿家长互相配合、互相促进、互动合作，向家长宣传幼儿科学保育和教育的知识，吸纳有关幼儿发展的意见与建议，从而共同担负教育幼儿的任务。根据新时期幼儿园课程发展要求，也需要家长及时根据幼儿的学习兴趣和特点提供主题课程生成的信息。

（2）实践目的

①观察和了解所在幼儿园的家园沟通体系。

②了解幼儿园开展家长工作的途径和方法。

③结合实践设计一份幼儿园家访记录表。

（3）实践内容

　　家园沟通与合作的实践内容、实践目标和要求见表4-25。

表 4-25　家园沟通与合作的实践内容、实践目标和要求

序号	实践内容	实践目标和要求
1	家园沟通体系	通过实践了解所在幼儿园的家园沟通体系
2	家长工作方法	结合实践学习开展家长工作的方式、方法
3	家访情况记录	结合实践设计一份家访记录表

2.实践记录

家园沟通与合作实践记录表见表4-26。

家园沟通推荐用语

表4-26　家园沟通与合作实践记录表

家园沟通与合作

- **家园共育开展形式**
  - **家庭教育的内容**
    - 智力训练：请举例，体现你的思考过程，如培养幼儿语言表达能力、_____等。
    - 非智力因素培养：请举例，体现你的思考过程，如幼儿自信心的培养、_____等。
    - 家庭劳动教育：形成劳动的习惯、参加力所能及的劳动、有自理的能力、鼓励参加各种公益劳动、珍惜劳动成果和反对浪费等。
    - 家庭美育与体育：请举例，体现你的思考过程，如良好的健康文化艺术氛围、_____等。
    - 家庭人生观教育：正确的人生观、乐观的人生态度、正确对待逆境等。
  - **家长工作的方式**
    - 观察和了解幼儿园家长工作的方式：橱窗展示（　）　家园联系栏（　）　教育类讲座（　）　教育成果展示（　）
    - 你在幼儿园见过指导教师跟家长沟通吗？有（　）无（　）
    - 记录下值得你学习的地方：
  - **个别方式**
    - **家访**
      - 新入园幼儿家访
      - 幼儿偶发疾病、意外事故或严重行为问题等专题家访。
      - 家庭教育较好的幼儿明显进步时，需要总结家庭教育经验。
      - 家庭发生重大变故时，给予协助、安慰。
      - 幼儿长期缺勤，需要了解原因。
      - 家长对子女教育方法不恰当或教养态度有严重问题时，给予帮助。
    - **个别谈话**
      - 随机谈话：入园或_____
      - 约定谈话：目的明确，教师应提前准备幼儿发展的_____、沟通问题及解决问题的初步设想。
      - 思考与家长个别谈话的注意事项：_____
      - 家长咨询：不定期举行，邀请教育专家及理论和实践经验都比较丰富的教师解答家长困惑。
      - 多方式沟通：如电话、QQ、电子邮件等。
  - **集体方式**
    - **家长会**
      - 全园性的家长会　举行时间：_____　幼儿园工作计划、教育成果分享。
      - 年级家长会 — 本年级教育工作计划、学年或学期教育目标和家园合作要求。
      - 班级家长会 — 学期幼儿保教问题。
      - 其他各类型的家长会。
    - 家教讲座
    - 家园联系栏　观察幼儿园的家园联系栏包括哪些内容：家教新观念（　）经验做法（　）保健小常识（　）季节流行病预防（　）亲子游戏分享（　）教育目标（　）家园合作内容（　）其他_____
    - 园报园刊 — 你所在幼儿园情况：有（　）无（　）
    - 家长开放日 — 内容：_____
    - 家长经验交流 — 内容：_____
    - 提供学习材料 — 家长阅览室，室内陈列家教书刊，_____等。
    - 家园联系手册：你所在的幼儿园有家园联系手册吗？请记录家园联系手册的内容：
- **幼儿园家园共育实践**
  - **家长组织**
    - 家长委员会：_____
    - 伙食委员会：_____
  - **家长义工**
    - 人选要求：_____
    - 招募要求：_____
    - 工作内容：_____
    - 工作要求与条件：_____
    - 观察有无家长义工反馈表：有（　）无（　）
  - **家长助教**
    - 记录幼儿园家长助教开展情况：_____

假设需要你独立完成一次家访任务，请你根据实践经验及所观察幼儿的情况，将家访记录表（见表4-27）补充完整。

表 4-27　家访记录表

＿＿＿＿＿＿＿＿幼儿园	＿＿＿＿＿＿＿＿班级
幼儿姓名及年龄：	主班老师：
家访日期：	家访时间：
家访沟通的话题	
家长的问题及想法	
略，依据实际情况记录后反馈给幼儿园保教主任。	
家访需提前准备的物品	
教师：工作牌、鞋套、家访记录表、笔、家园联系手册、文件夹（可以放置幼儿作品，需提醒家长返还时间，期末统一整理） 给家长的物品：给幼儿的一封信、新生家长须知、幼儿园义工招募表、图书借阅说明等。 其他能想到的：＿＿＿＿＿＿＿＿＿＿＿＿＿＿＿＿＿＿	
	时间：＿＿＿＿＿＿＿＿＿

任务十一 幼儿成长档案的观察与设计

本任务课件

1.实践总体要求

（1）实践指引

成长档案是对幼儿成长过程的记录，其目的在于通过幼儿作品及相关资料的有意收集，来反映幼儿的兴趣、态度及在特定领域中的努力、进步与成就。幼儿成长档案袋里包含幼儿作品、教师观察记录、照片、影像资料等，能生成幼儿发展的立体信息库，展示幼儿成长与发展的过程，还可以动态评估幼儿的发展水平，判断幼儿在某个领域的发展有无进步，是否达到预期发展目标，以及存在的优势和不足。通过成长档案袋的设计，与幼儿互动并完成整理与优化，以真正落实"幼儿为主"的教育目标。

（2）实践目的

①了解幼儿成长档案袋的内容构成。

②掌握设计幼儿成长档案袋的原则。

③结合实践设计一份幼儿成长档案袋。

（3）实践内容

幼儿成长档案观察与设计的实践内容、实践目标和要求见表4-28。

表 4-28 幼儿成长档案观察与设计的实践内容、实践目标和要求

序号	实践内容	实践目标和要求
1	了解成长档案袋	1.通过观察了解所在幼儿园幼儿成长档案袋的内容构成。 2.掌握幼儿成长档案的设计原则
2	设计成长档案袋	1.思考如何设计富有特色与创新的成长档案袋。 2.结合实践设计一份幼儿成长档案袋

2.实践记录

幼儿成长档案观察与设计实践记录表见表4-29。

幼儿成长记录袋

表 4-29　幼儿成长档案观察与设计实践记录表

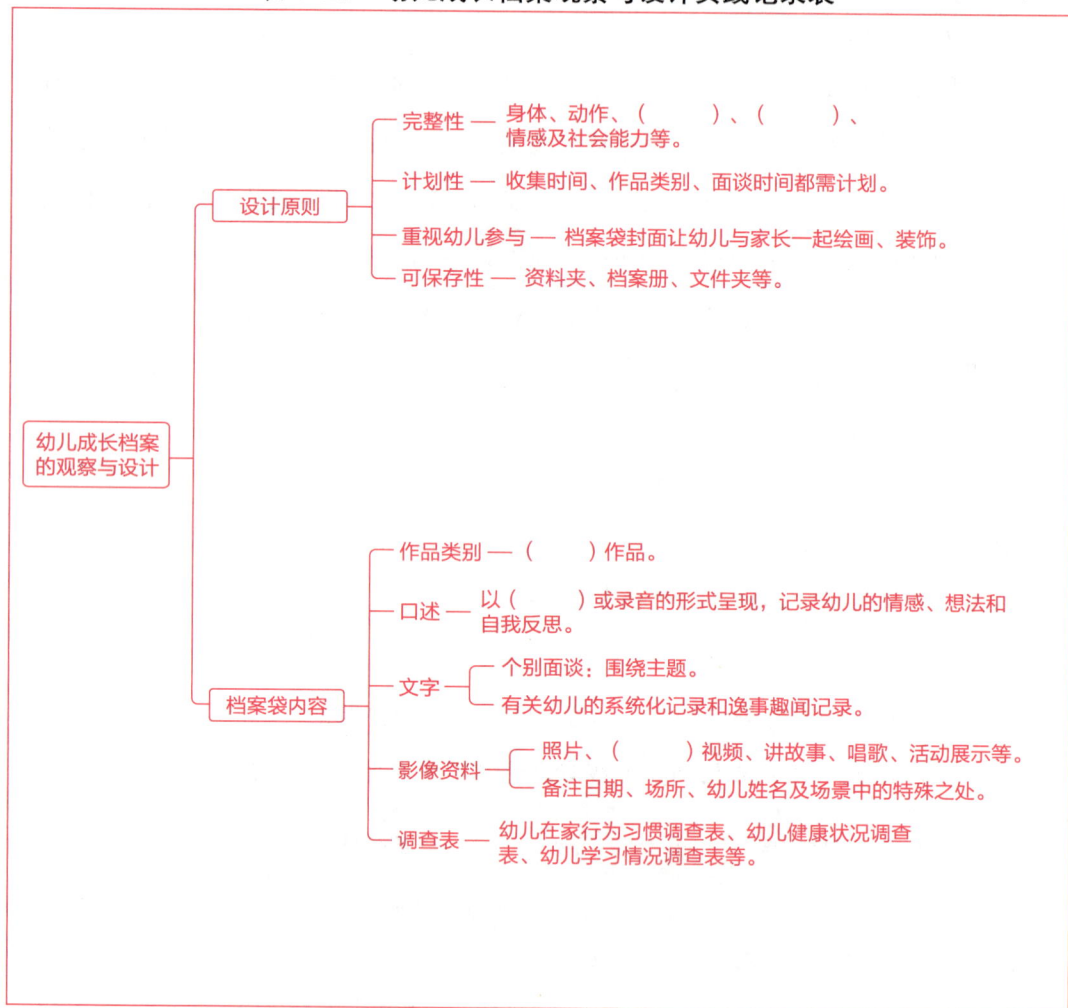

```
幼儿成长档案
的观察与设计
  │
  ├─ 设计原则
  │     ├─ 完整性 ── 身体、动作、(    )、(      )、
  │     │            情感及社会能力等。
  │     ├─ 计划性 ── 收集时间、作品类别、面谈时间都需计划。
  │     ├─ 重视幼儿参与 ── 档案袋封面让幼儿与家长一起绘画、装饰。
  │     └─ 可保存性 ── 资料夹、档案册、文件夹等。
  │
  └─ 档案袋内容
        ├─ 作品类别 ──(    )作品。
        ├─ 口述 ── 以(    )或录音的形式呈现，记录幼儿的情感、想法和
        │           自我反思。
        ├─ 文字 ──┬ 个别面谈：围绕主题。
        │          └ 有关幼儿的系统化记录和逸事趣闻记录。
        ├─ 影像资料 ──┬ 照片、(    )视频、讲故事、唱歌、活动展示等。
        │              └ 备注日期、场所、幼儿姓名及场景中的特殊之处。
        └─ 调查表 ── 幼儿在家行为习惯调查表、幼儿健康状况调查
                     表、幼儿学习情况调查表等。
```

请根据你所观察的幼儿，为其设计一个内容有趣、形式新颖的成长档案袋，见表4-30。

表 4-30　幼儿成长档案

幼儿成长档案			
幼儿基本信息			
幼儿成长档案袋设计	内　容	数　量	计划时间
家园配合			
设计人		设计时间	

🌸 任务十二　班级家园联系栏的观察与设计

本任务课件

1.实践总体要求

（1）实践指引

家园联系栏，是幼儿园和家长联系的桥梁和纽带，是面向班级全体家长宣传教育理念、普及教育方法的窗口，也是反映幼儿园及班级各项事务的窗口。通过小小的家园联系栏，教师不但可以向家长反馈幼儿进步的点点滴滴，展示幼儿风采，还可以向家长传授科学的育儿经验，展示教学动态，聚焦家长关注的问题，创造一个交流与分享的平台。教师充分挖掘家园联系栏的作用与价值，使各班家园联系栏更具特色，逐步把家长的关注转化为积极配合，从而提高家长对家园互动重要性的认识。

（2）实践目的

①理解家园联系栏的重要作用。

②富有创意地规划班级家园联系栏的内容。

③结合实践设计班级家园联系栏。

（3）实践内容

班级家园联系栏观察与设计的实践内容、实践目标和要求见表4-31。

表4-31　班级家园联系栏观察与设计的实践内容、实践目标和要求

序号	实践内容	实践目标和要求
1	家园联系栏外观	观察并了解幼儿园的班级家园联系栏
2	家园联系栏内容	思考如何设计内容合理、有创意的家园联系栏
3	家园联系栏设计	结合实践设计班级的家园联系栏

2.实践记录

班级家园联系栏的观察与设计实践记录表见表4-32。

家园联系栏展示

表 4-32　班级家园联系栏的观察与设计实践记录表

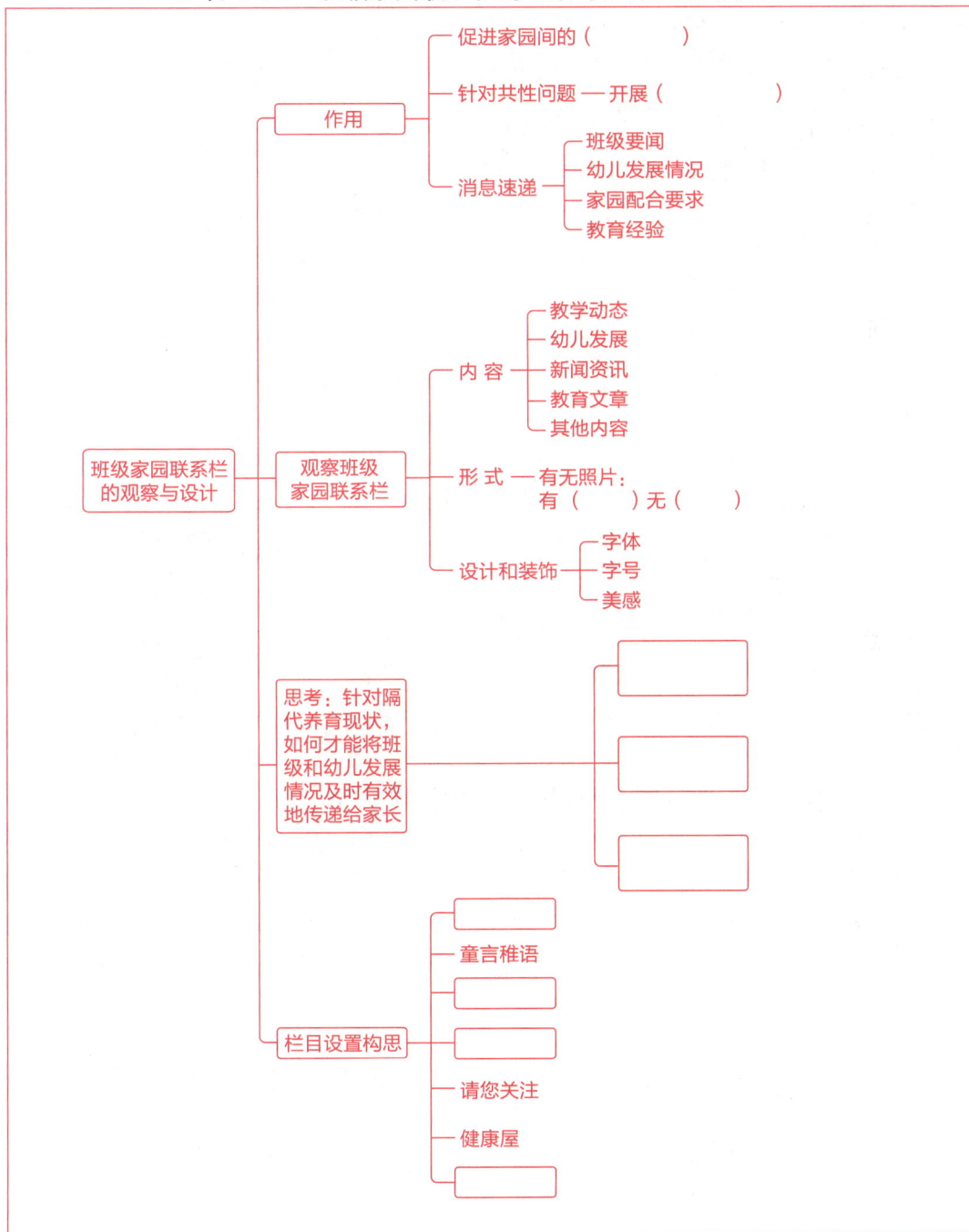

班级家园联系栏的观察与设计

- 作用
  - 促进家园间的（　　　　）
  - 针对共性问题 — 开展（　　　　）
  - 消息速递
    - 班级要闻
    - 幼儿发展情况
    - 家园配合要求
    - 教育经验

- 观察班级家园联系栏
  - 内容
    - 教学动态
    - 幼儿发展
    - 新闻资讯
    - 教育文章
    - 其他内容
  - 形式 — 有无照片：有（　　）无（　　）
  - 设计和装饰
    - 字体
    - 字号
    - 美感

- 思考：针对隔代养育现状，如何才能将班级和幼儿发展情况及时有效地传递给家长
  - （　　　　）
  - （　　　　）
  - （　　　　）

- 栏目设置构思
  - （　　　　）
  - 童言稚语
  - （　　　　）
  - 请您关注
  - 健康屋
  - （　　　　）

（续表）

请你拍摄一张在幼儿园观察到的家园联系栏照片，用小程序生成二维码并粘贴在这里，记得将原照片保存上交。

二维码粘贴处

拍摄的时间：

你的收获：

请发挥创意，搜集资源，设计布局合理、内容丰富的家园联系栏。

学生自评表见表4-33。

表 4-33　学生自评表

自评日期：　　年　　月　　日

我的长处	
需加强之处	
指导教师的经验和建议	
下一步的计划	
贴心小贴士（记录自己的经验与心得）	
积累的资源	

注：围绕自己在幼儿园内组织开展的教育活动填写该表。

实践教学任务总结见表4-34。

表 4-34　实践教学任务总结

姓名：	学号：	班级：	幼儿园名称：
实践单位的情况：			
实践目的：			
实践内容：			
实践收获：			

实践任务评定见表4–35。

表 4–35　实践任务评定

姓名：	学号：	实习班级：	总成绩（百分制）：
指导教师评语：			
成绩（百分制）：			
		指导教师签名： 　　幼儿园盖章 　　年　　月　　日	
带队教师评语：			
成绩（百分制）：			
		带队教师签名： 　　年　　月　　日	

备注：

（1）幼儿园指导教师评定内容主要包括入园实践学生的工作纪律、仪容仪表、对待幼儿和学习的态度、学习能力等方面。

（2）带队教师评定内容主要包括入园实践学生教学任务手册填写情况、实践总体表现及园方评价。

（3）入园实践任务总成绩由两部分组成：幼儿园评定占60%，带队教师评定占40%。

模块拓展

★ 《幼儿园教师专业标准（试行）》

为促进幼儿园教师专业发展，建设高素质幼儿园教师队伍，根据《中华人民共和国教师法》，特制定《幼儿园教师专业标准（试行）》（以下简称《专业标准》）。

幼儿园教师是履行幼儿园教育教学工作职责的专业人员，需要经过严格的培养与培训，具有良好的职业道德，掌握系统的专业知识和专业技能。《专业标准》是国家对合格幼儿园教师专业素质的基本要求，是幼儿园教师开展保教活动的基本规范，是引领幼儿园教师专业发展的基本准则，是幼儿园教师培养、准入、培训、考核等工作的重要依据。

一、基本理念

（一）师德为先

热爱学前教育事业，具有职业理想，践行社会主义核心价值体系，履行教师职业道德规范，依法执教。关爱幼儿，尊重幼儿人格，富有爱心、责任心、耐心和细心；为人师表，教书育人，自尊自律，做幼儿健康成长的启蒙者和引路人。

（二）幼儿为本

尊重幼儿权益，以幼儿为主体，充分调动和发挥幼儿的主动性；遵循幼儿身心发展特点和保教活动规律，提供适合的教育，保障幼儿快乐健康成长。

（三）能力为重

把学前教育理论与保教实践相结合，突出保教实践能力；研究幼儿，遵循幼儿成长规律，提升保教工作专业化水平；坚持实践、反思、再实践、再反思，不断提高专业能力。

（四）终身学习

学习先进学前教育理论，了解国内外学前教育改革与发展的经验和做法；优化知识结构，提高文化素养；具有终身学习与持续发展的意识和能力，做终身学习的典范。

二、基本内容

维度	领域	基本要求
专业理念与师德	（一）职业理解与认识	1.贯彻党和国家教育方针政策，遵守教育法律法规。 2.理解幼儿保教工作的意义，热爱学前教育事业，具有职业理想和敬业精神。 3.认同幼儿园教师的专业性和独特性，注重自身专业发展。 4.具有良好职业道德修养，为人师表。 5.具有团队合作精神，积极开展协作与交流。
	（二）对幼儿的态度与行为	6.关爱幼儿，重视幼儿身心健康，将保护幼儿生命安全放在首位。 7.尊重幼儿人格，维护幼儿合法权益，平等对待每个幼儿。不讽刺、挖苦、歧视幼儿，不体罚或变相体罚幼儿。 8.信任幼儿，尊重个体差异，主动了解和满足有益于幼儿身心发展的不同需求。 9.重视生活对幼儿健康成长的重要价值，积极创造条件，让幼儿拥有快乐的幼儿园生活。
	（三）幼儿保育和教育的态度与行为	10.注重保教结合，培育幼儿良好的意志品质，帮助幼儿养成良好的行为习惯。 11.注重保护幼儿的好奇心，培养幼儿的想象力，发掘幼儿的兴趣爱好。 12.重视环境和游戏对幼儿发展的独特作用，创设富有教育意义的环境氛围，将游戏作为幼儿的主要活动。 13.重视丰富幼儿多方面的直接经验，将探索、交往等实践活动作为幼儿最重要的学习方式。 14.重视自身日常态度言行对幼儿发展的重要影响与作用。 15.重视幼儿园、家庭和社区的合作，综合利用各种资源。
	（四）个人修养与行为	16.富有爱心、责任心、耐心和细心。 17.乐观向上、热情开朗，有亲和力。 18.善于自我调节情绪，保持平和心态。 19.勤于学习，不断进取。 20.衣着整洁得体，语言规范健康，举止文明礼貌。

专业知识	（五）幼儿发展知识	21.了解关于幼儿生存、发展和保护的有关法律法规及政策规定。 22.掌握不同年龄幼儿身心发展特点、规律和促进幼儿全面发展的策略与方法。 23.了解幼儿在发展水平、速度与优势领域等方面的个体差异，掌握对应的策略与方法。 24.了解幼儿发展中容易出现的问题与适宜的对策。 25.了解有特殊需要幼儿的身心发展特点及教育策略与方法。
	（六）幼儿保育和教育知识	26.熟悉幼儿园教育的目标、任务、内容、要求和基本原则。 27.掌握幼儿园环境创设、一日生活安排、游戏与教育活动、保育和班级管理的知识与方法。 28.熟知幼儿园的安全应急预案，掌握意外事故和危险情况下幼儿安全防护与救助的基本方法。 29.掌握观察、谈话、记录等了解幼儿的基本方法和教育心理学的基本原理和方法。 30.了解0~3岁婴幼儿保教和幼小衔接的有关知识与基本方法。
	（七）通识性知识	31.具有一定的自然科学和人文社会科学知识。 32.了解中国教育基本情况。 33.掌握幼儿园各领域教育的学科特点与基本知识。 34.具有相应的艺术欣赏与表现知识。 35.具有一定的现代信息技术知识。
专业能力	（八）环境的创设与利用	36.建立良好的师幼关系，帮助幼儿建立良好的同伴关系，让幼儿感到温暖和愉悦。 37.建立班级秩序与规则，营造良好的班级氛围，让幼儿感受到安全、舒适。 38.创设有助于促进幼儿成长、学习、游戏的教育环境。 39.合理利用资源，为幼儿提供和制作适合的玩教具和学习材料，引发和支持幼儿的主动活动。
	（九）一日生活的组织与保育	40.合理安排和组织一日生活的各个环节，将教育灵活地渗透到一日生活中。 41.科学照料幼儿日常生活，指导和协助保育员做好班级常规保育和卫生工作。 42.充分利用各种教育契机，对幼儿进行随机教育。 43.有效保护幼儿，及时处理幼儿的常见事故，危险情况优先救护幼儿。

（续表）

专业能力	（十） 游戏活动的支持与引导	44.提供符合幼儿兴趣需要、年龄特点和发展目标的游戏条件。 45.充分利用与合理设计游戏活动空间，提供丰富、适宜的游戏材料，支持、引发和促进幼儿的游戏。 46.鼓励幼儿自主选择游戏内容、伙伴和材料，支持幼儿主动地、创造性地开展游戏，充分体验游戏的快乐和满足。 47.引导幼儿在游戏活动中获得身体、认知、语言和社会性等多方面的发展。
	（十一） 教育活动的计划与实施	48.制定阶段性的教育活动计划和具体活动方案。 49.在教育活动中观察幼儿，根据幼儿的表现和需要，调整活动，给予适宜的指导。 50.在教育活动的设计和实施中体现趣味性、综合性和生活化，灵活运用各种组织形式和适宜的教育方式。 51.提供更多的操作探索、交流合作、表达表现的机会，支持和促进幼儿主动学习。
	（十二） 激励与评价	52.关注幼儿日常表现，及时发现和赏识每个幼儿的点滴进步，注重激发和保护幼儿的积极性、自信心。 53.有效运用观察、谈话、家园联系、作品分析等多种方法，客观地、全面地了解和评价幼儿。 54.有效运用评价结果，指导下一步教育活动的开展。
	（十三） 沟通与合作	55.使用符合幼儿年龄特点的语言进行保教工作。 56.善于倾听，和蔼可亲，与幼儿进行有效沟通。 57.与同事合作交流，分享经验和资源，共同发展。 58.与家长进行有效沟通合作，共同促进幼儿发展。 59.协助幼儿园与社区建立合作互助的良好关系。
	（十四） 反思与发展	60.主动收集分析相关信息，不断进行反思，改进保教工作。 61.针对保教工作中的现实需要与问题，进行探索和研究。 62.制定专业发展规划，积极参加专业培训，不断提高自身专业素质。

三、实施建议

（一）各级教育行政部门要将《专业标准》作为幼儿园教师队伍建设的基本依据。根据学前教育改革发展的需要，充分发挥《专业标准》引领和导向作用，深化教师教育改革，建立教师教育质量保障体系，不断提高幼儿园教师培养培训质量。制定幼儿园教师准入标准，严把幼儿园教师入口关；制定幼儿园教师聘任（聘用）、考核、退出等管理制度，保障教师合法权益，形成科学有效的幼儿园教师队伍管理和督导机制。

（二）开展幼儿园教师教育的院校要将《专业标准》作为幼儿园教师培养培训的主要依据。重视幼儿园教师职业特点，加强学前教育学科和专业建设。完善幼儿园教师培养培训方案，科学设置教师教育课程，改革教育教学方式；重视幼儿园教师职业道德教育，重视社会实践和教育实习；加强从事幼儿园教师教育的师资队伍建设，建立科学的质量评价制度。

（三）幼儿园要将《专业标准》作为教师管理的重要依据。制定幼儿园教师专业发展规划，注重教师职业理想与职业道德教育，增强教师育人的责任感与使命感；开展园本研修，促进教师专业发展；完善教师岗位职责和考核评价制度，健全幼儿园教师绩效管理机制。

（四）幼儿园教师要将《专业标准》作为自身专业发展的基本依据。制定自我专业发展规划，爱岗敬业，增强专业发展自觉性；大胆开展保教实践，不断创新；积极进行自我评价，主动参加教师培训和自主研修，逐步提升专业发展水平。

模块五　幼儿园教研工作

一、实践目标

（1）掌握幼儿园教研的基本内容和方法，加深对幼儿园教研工作及其重要性的理解。

（2）树立正确的教育观、儿童观与教师观，初步掌握行动研究的专业知识与技能。

（3）能结合幼儿各年龄段的典型问题开展教研活动，学会自主搜集和整理专业知识，掌握开展教研的技巧。

（4）能制订幼儿园教学工作计划，了解教学管理工作的重点和步骤，丰富专业知识结构，提升职业竞争力。

（5）掌握幼儿教师职业发展规划的基本内容，能结合个体实际和各类资源，有效地开展个人职业生涯规划。

二、实践内容

（1）学习制订教学工作计划，能够分工明确地完成班级教学管理工作。

（2）学习开展教研的基本方法，熟悉说课、听评课的方法和技巧。

（3）理解自我反思和教研活动对教师专业成长的重要意义，熟悉教研活动开展的方法和技巧。

（4）掌握各年龄段幼儿的典型问题，能结合问题制定教研内容并开展教研活动。

（5）掌握个人职业生涯发展规划的方法，拓展就业理念，提升竞争力，提高就业质量。

幼儿个案观察小档案

　　亲爱的同学们，第五学期的实践学习开始啦！经过了四个学期的实践，你们对幼儿园已经有了更深层次的了解，这学期我们将继续深入地了解幼儿园的教育教学与个人职业规划等方面的内容。还记得你们上学期观察的那两位小朋友吗？你们打算继续观察他们吗？还是换两个小朋友来观察呢？

　　提示：继续上学期的观察或者更换观察对象都是允许的，若更换个案观察对象，应填写幼儿个案观察对象记录表（表格下载说明见本书前言）。每周入园实践结束时，请完成对应的观察记录。

★ 任务一　幼儿教师案头工作的观察与记录

本任务课件

1.实践总体要求

（1）实践指引

案头工作是指对教师的工作经历和思想历程进行适当的文字记录，并能定期对一个阶段的计划、记录加以比较和分析。当熟悉了幼儿教师职业发展初期的特征，并积累了一定的职业经验后，下一步就是要对幼儿教师的案头工作进行深入了解，以使学前教育专业的学生熟悉幼儿园各项工作任务的检查标准和呈现方式，从而看到自己的长处和不足，以有准备、有计划、有步骤、脚踏实地对待未来的职业，积极自我发展，向成熟教师目标迈进。案头工作是帮助学前教育专业学生快速成长、提升教育实践能力和专业能力的有效手段之一。

（2）实践目的

①观察和熟悉幼儿教师案头工作的形式。

②掌握开展幼儿教师案头工作的方法和评估要点。

③能够依据实际工作需求设计案头工作表单。

（3）实践内容

幼儿教师案头工作观察与记录的实践内容、实践目标和要求见表5-1。

表 5-1　幼儿教师案头工作观察与记录的实践内容、实践目标和要求

序号	实践内容	实践目标和要求
1	案头工作	1.了解幼儿教师案头工作的内容。 2.熟悉常见案头工作的形式
2	撰写方法	1.掌握开展案头工作的方法。 2.熟悉幼儿教师案头工作评比和检查的要点
3	设计表单	能够依据实际工作需求设计案头工作表单

2.实践记录

幼儿教师案头工作的观察与设计实践记录表见表5-2。

表 5-2　幼儿教师案头工作的观察与设计实践记录表

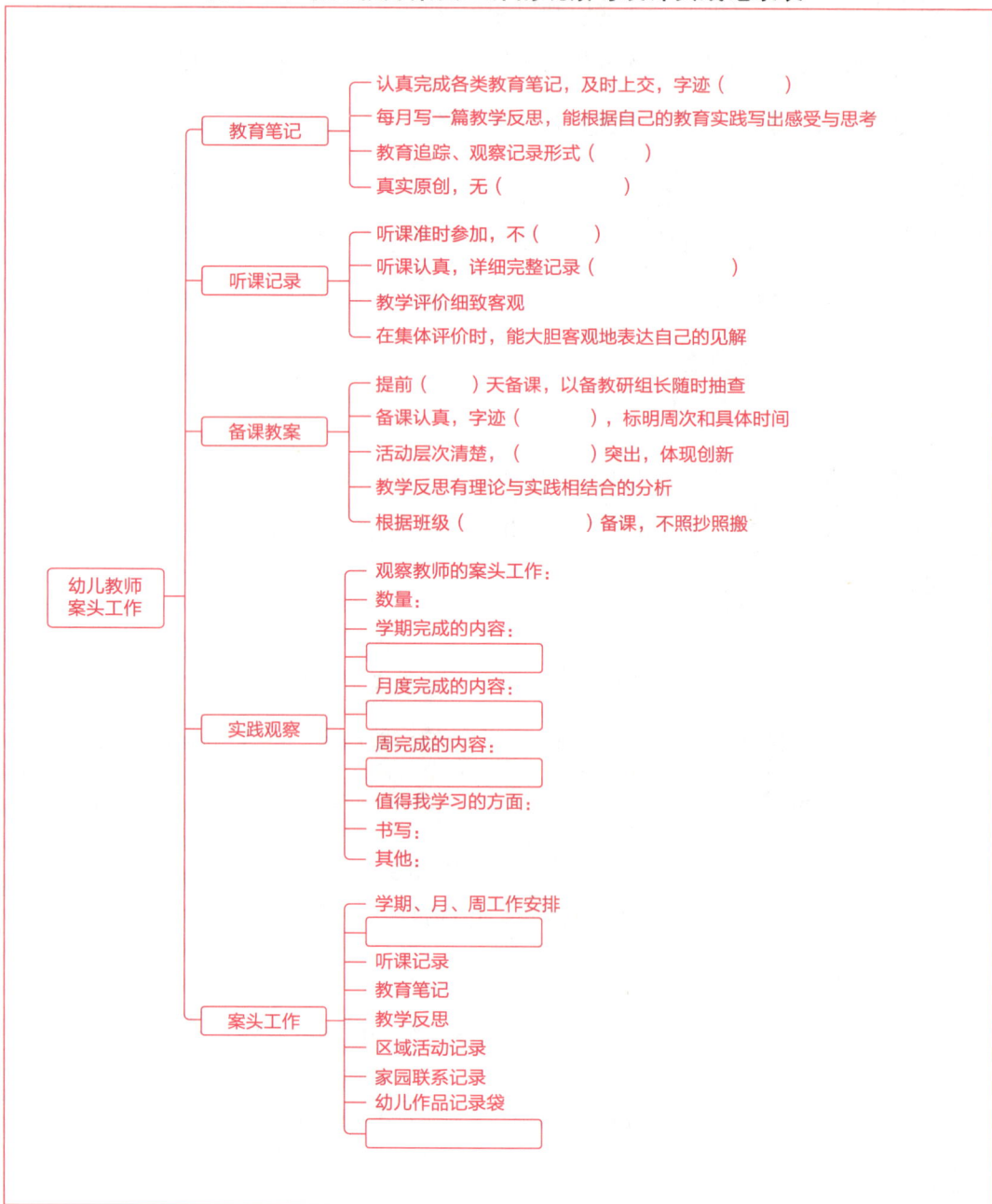

```
幼儿教师          教育笔记 ── 认真完成各类教育笔记，及时上交，字迹（　　　）
案头工作                    ── 每月写一篇教学反思，能根据自己的教育实践写出感受与思考
                           ── 教育追踪、观察记录形式（　　　）
                           ── 真实原创，无（　　　　　　）

                  听课记录 ── 听课准时参加，不（　　　　）
                           ── 听课认真，详细完整记录（　　　　　　　）
                           ── 教学评价细致客观
                           ── 在集体评价时，能大胆客观地表达自己的见解

                  备课教案 ── 提前（　　）天备课，以备教研组长随时抽查
                           ── 备课认真，字迹（　　　　），标明周次和具体时间
                           ── 活动层次清楚，（　　　　）突出，体现创新
                           ── 教学反思有理论与实践相结合的分析
                           ── 根据班级（　　　　　　）备课，不照抄照搬

                  实践观察 ── 观察教师的案头工作：
                           ── 数量：
                           ── 学期完成的内容：
                           ── 月度完成的内容：
                           ── 周完成的内容：
                           ── 值得我学习的方面：
                           ── 书写：
                           ── 其他：

                  案头工作 ── 学期、月、周工作安排
                           ── 听课记录
                           ── 教育笔记
                           ── 教学反思
                           ── 区域活动记录
                           ── 家园联系记录
                           ── 幼儿作品记录袋
```

对照《3~6岁儿童学习与发展指南》，围绕幼儿领域发展目标完成表5-3，评析所观察幼儿的发展情况。

表 5-3 _____幼儿领域发展目标评析

观察日期：　　年　　月　　日

项目	内容	优秀	良好	中等	较差
身体发展	生长发育				
	动作发展				
	生活卫生习惯				
	自我保护能力				
智能发展	口　语				
	语言理解				
	数的概念				
	空间关系				
	分　类				
	时间推理				
社会性发展	主动性				
	责任感				
	独立能力				
	行为习惯				
	交往能力				
	自信心				
艺术	节奏感				
	音准				
	表现力				
	想象与创造				
	绘画能力				
我的思考和建议：					

任务二　幼儿教师教学工作计划的观察与设计

本任务课件

1.实践总体要求

（1）实践指引

幼儿园的教育教学是按照国家教育方针和教育思想，有目的、有计划地对幼儿进行全面发展的教育。幼儿园要有目的、有计划、系统地创设良好的生活和学习环境，合理安排幼儿一日生活，培养幼儿良好的习惯，丰富幼儿的知识、经验，发展幼儿智力，促进其社会适应性发展等。幼儿园要将保教工作计划纳入全园工作计划中，班级教师在制订班级工作计划时，要参照全园保教工作任务和相关要求，结合幼儿的年龄特点和实际需要，将保育工作和教育工作紧密联系，结合家园共育，在一日生活中促进班级保教任务高质量完成。

（2）实践目的

①观察和熟悉幼儿教师教学工作计划的形式和内容。

②掌握制订教学工作计划的方法。

③掌握班级教学管理工作的重点。

（3）实践内容

幼儿教师教学工作计划观察与设计的实践内容、实践目标和要求见表5-4。

表 5-4　幼儿教师教学工作计划观察与设计的实践内容、实践目标和要求

序号	实践内容	实践目标和要求
1	了解工作计划	1.了解幼儿园保教工作计划的内容。 2.掌握班级教学工作计划的形式和内容。 3.掌握制订教学工作计划的方法
2	制订工作计划	1.熟悉幼儿园教学管理和常规检查的重点。 2.能够制订一份学期教学工作计划

2.实践记录

幼儿教师教学工作计划的观察与设计实践记录表见表5-5。

表5-5　幼儿教师教学工作计划的观察与设计实践记录表

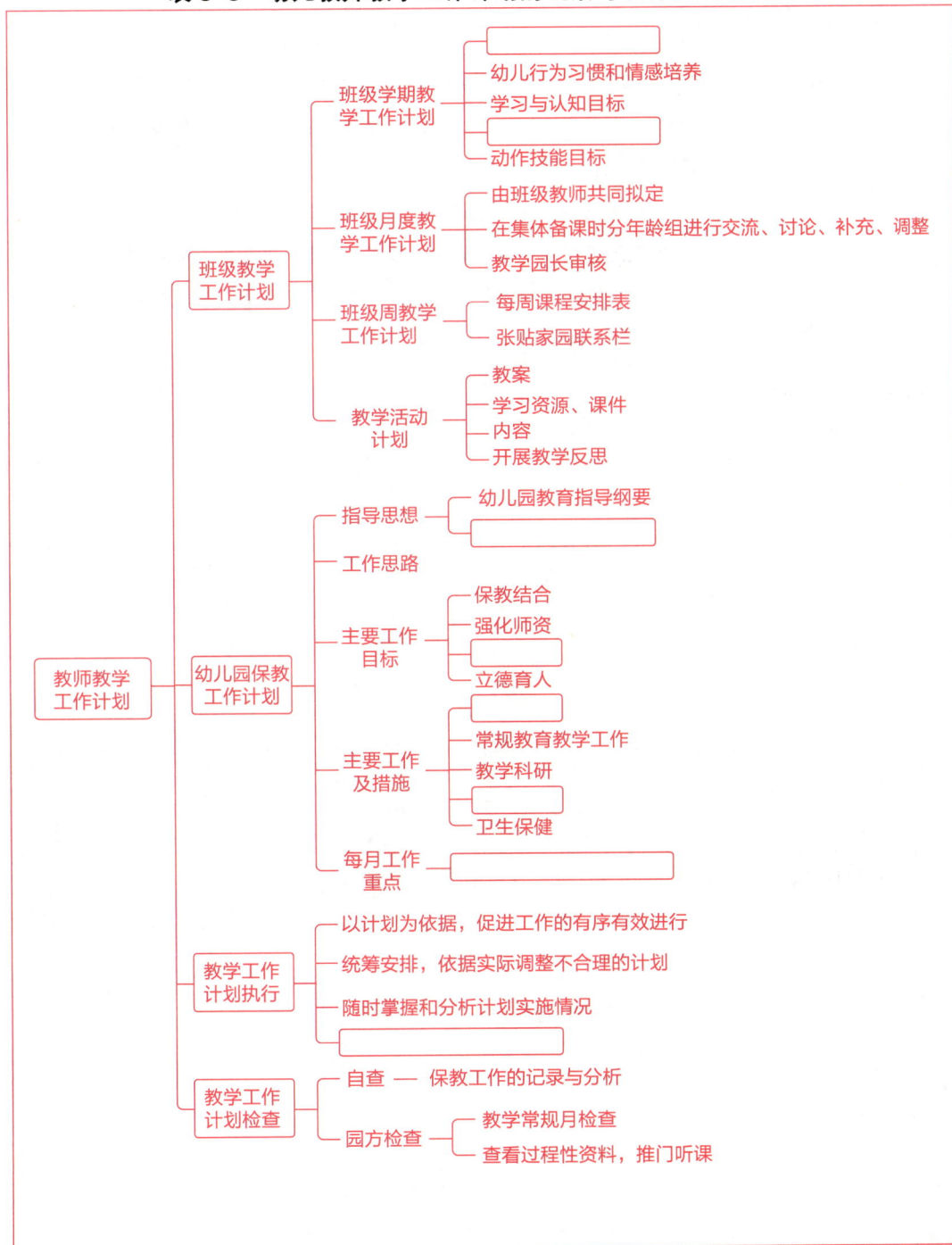

```
                                           ┌─────────────────────────┐
                            ┌── 班级学期教 ┤
                            │   学工作计划 ├── 幼儿行为习惯和情感培养
                            │              ├── 学习与认知目标
                            │              ├─────────────────────────
                            │              └── 动作技能目标
                            │
                            │   班级月度教  ┌── 由班级教师共同拟定
                            ├── 学工作计划 ┤── 在集体备课时分年龄组进行交流、讨论、补充、调整
         ┌── 班级教学       │              └── 教学园长审核
         │   工作计划 ──────┤
         │                  │   班级周教学  ┌── 每周课程安排表
         │                  ├── 工作计划    └── 张贴家园联系栏
         │                  │
         │                  │              ┌── 教案
         │                  │   教学活动    ├── 学习资源、课件
         │                  └── 计划        ├── 内容
         │                                 └── 开展教学反思
         │
         │                  ┌── 指导思想 ── 幼儿园教育指导纲要
         │                  │
         │                  ├── 工作思路
         │                  │
         │                  │              ┌── 保教结合
  教师教学               │   主要工作    ├── 强化师资
  工作计划 ──────────────┤── 幼儿园保教 ──┤── 目标        ├────────────
         │                  │   工作计划    └── 立德育人
         │                  │              ┌────────────
         │                  │   主要工作    ├── 常规教育教学工作
         │                  ├── 及措施      ├── 教学科研
         │                  │              ├────────────
         │                  │              └── 卫生保健
         │                  │
         │                  └── 每月工作    ┌────────────
         │                      重点        └────────────
         │
         │                  ┌── 以计划为依据，促进工作的有序有效进行
         │   教学工作        ├── 统筹安排，依据实际调整不合理的计划
         ├── 计划执行 ──────┤── 随时掌握和分析计划实施情况
         │                  └────────────
         │
         │                  ┌── 自查 ── 保教工作的记录与分析
         │   教学工作        │
         └── 计划检查 ──────┤           ┌── 教学常规月检查
                            └── 园方检查 ┤
                                        └── 查看过程性资料，推门听课
```

191

请结合实践学习，将表5-6所示中班学期教学工作计划补充完整。

表5-6　中班学期教学工作计划

班级教师：

时间：　　年　　月至　　年　　月（第一学期）

班级情况	本班有28名幼儿，其中男孩15名，女孩13名，经了解本班幼儿均上过一年幼儿园，已有基本的集体生活习惯。经过学习，幼儿们总体发展水平都有上升的趋势，幼儿有了较好的生活自理能力，如独立如厕、洗手、进餐、穿脱裤子和鞋子等；规则意识和正确的交往能力也有提高，如自觉排队、主动收放玩具、安静愉快地进餐和午睡、与他人分享、在老师的提醒下能互相帮助；幼儿具有基本的安全意识，知道危险的地方不能去，不玩火、不玩电等。
幼儿行为习惯和情感培养	本学期的工作重点是：
学习和认知目标	本学期的工作重点是：
语言目标	本学期的工作重点是：
动作技能目标	本学期的工作重点是：

任务三 了解幼儿园园本教研活动

本任务课件

1.实践总体要求

（1）实践指引

为了提高教师的专业化水平，促进幼儿园保教质量不断提高，提升办园层次，幼儿园会策划并实施以园为本（简称园本）的教研活动，主要是通过解决园长、教师们普遍关心的具有共同性的实际问题，以引导教师将终身学习作为自身专业发展和人生发展的途径，推动保教水平持续提高，建设学习型团队。园本教研的内容必须立足于幼儿园实际情况，研究和解决保教过程中教师真实的问题，这就要求教研人员具有对问题的反思意识与研究能力，自主、自发、自动地开展研究，促进自身专业水平和幼儿园办园水平的提高。

（2）实践目的

①了解和观察幼儿园园本教研的形式。

②了解幼儿园园本教研的层次。

③掌握幼儿园园本教研的策划流程。

（3）实践内容

了解幼儿园园本教研活动的实践内容、实践目标和要求见表5-7。

表5-7 了解幼儿园园本教研活动的实践内容、实践目标和要求

序号	实践内容	实践目标和要求
1	园本教研	1.了解幼儿园园本教研的形式。 2.了解园本教研的常见内容
2	教研管理	1.了解幼儿园的教研管理制度。 2.掌握幼儿园园本教研的策划流程
3	访谈提纲	掌握在园本教研中访谈提纲的设计方法

2.实践记录

了解幼儿园园本教研活动实践记录表见表5-8。

幼儿园入学准备
指导要点

表 5-8　了解幼儿园园本教研活动实践记录表

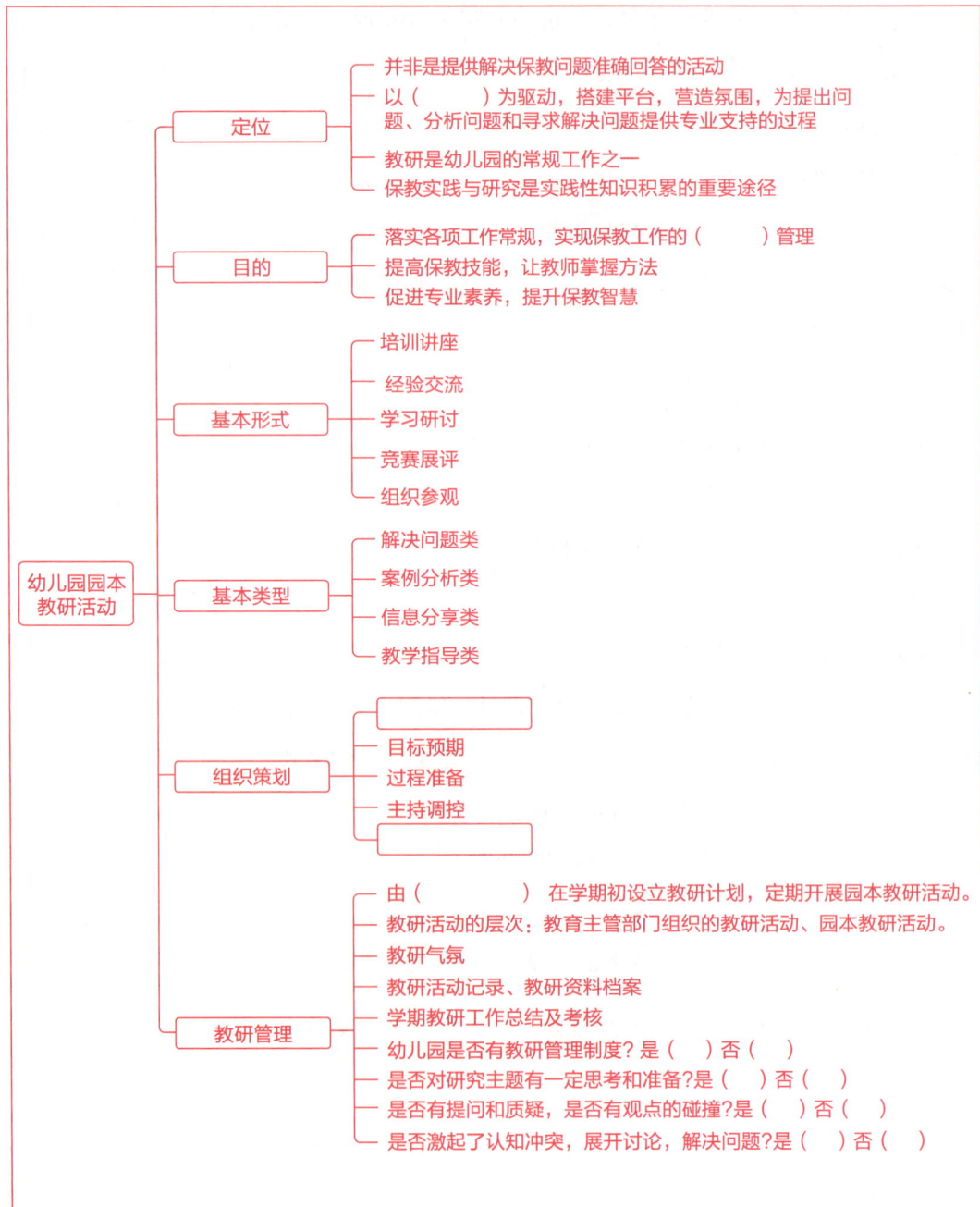

幼儿园园本教研活动

- 定位
  - 并非是提供解决保教问题准确回答的活动
  - 以（　　　）为驱动，搭建平台，营造氛围，为提出问题、分析问题和寻求解决问题提供专业支持的过程
  - 教研是幼儿园的常规工作之一
  - 保教实践与研究是实践性知识积累的重要途径

- 目的
  - 落实各项工作常规，实现保教工作的（　　　）管理
  - 提高保教技能，让教师掌握方法
  - 促进专业素养，提升保教智慧

- 基本形式
  - 培训讲座
  - 经验交流
  - 学习研讨
  - 竞赛展评
  - 组织参观

- 基本类型
  - 解决问题类
  - 案例分析类
  - 信息分享类
  - 教学指导类

- 组织策划
  - 目标预期
  - 过程准备
  - 主持调控

- 教研管理
  - 由（　　　）在学期初设立教研计划，定期开展园本教研活动。
  - 教研活动的层次：教育主管部门组织的教研活动、园本教研活动。
  - 教研气氛
  - 教研活动记录、教研资料档案
  - 学期教研工作总结及考核
  - 幼儿园是否有教研管理制度？是（　　）否（　　）
  - 是否对研究主题有一定思考和准备？是（　　）否（　　）
  - 是否有提问和质疑，是否有观点的碰撞？是（　　）否（　　）
  - 是否激起了认知冲突，展开讨论，解决问题？是（　　）否（　　）

从教师需求出发，为提高教研活动的有效性，请结合自己对探索型主题活动的理解，补充表5–9所列调研访谈提纲。

表5–9　调研访谈提纲

探索型主题活动教研访谈提纲

班级：　　　　　　　　　　　　　　指导教师：

内容：

1.你是从什么时候开始接触主题活动的？

2.综合性主题活动和分科教学有什么不同？

3._____

4._____

访谈时间：_____

任务四　幼儿园教研活动的观察与记录

本任务课件

1.实践总体要求

（1）实践指引

幼儿园教研活动是幼儿园保教工作的重要组成部分，对幼儿园的持续发展和教师的专业能力提升都具有重要意义。幼儿园教研活动主要是运用科学的方法和手段，对幼儿园的教育现象和问题进行分析研究，以揭示幼儿园教育规律。幼儿园的教研活动应该聚焦教育现场，发现问题、解决问题，在行动中研究和学习，以更新教育理念、改进教育行为。

（2）实践目的

①观察和了解幼儿园教研活动的内容和形式。

②掌握参加幼儿园教研活动的方法和技巧。

③学习使用问卷调查法来开展教研活动。

（3）实践内容

幼儿园教研活动观察与记录的实践内容、实践目标和要求见表5-10。

表 5-10　幼儿园教研活动观察与记录的实践内容、实践目标和要求

序号	实践内容	实践目标和要求
1	了解教研活动	1.观察幼儿园教研活动的内容和形式。 2.参加一次幼儿园的教研活动
2	教研方法	1.掌握开展教研活动工作的方法，乐于教研。 2.熟悉问题式教研的基本步骤
3	教研记录	结合参加的教研活动，能够填写详细的教研记录

2.实践记录

幼儿园教研活动的观察与记录实践记录表见表5-11。

表 5-11　幼儿园教研活动的观察与记录实践记录表

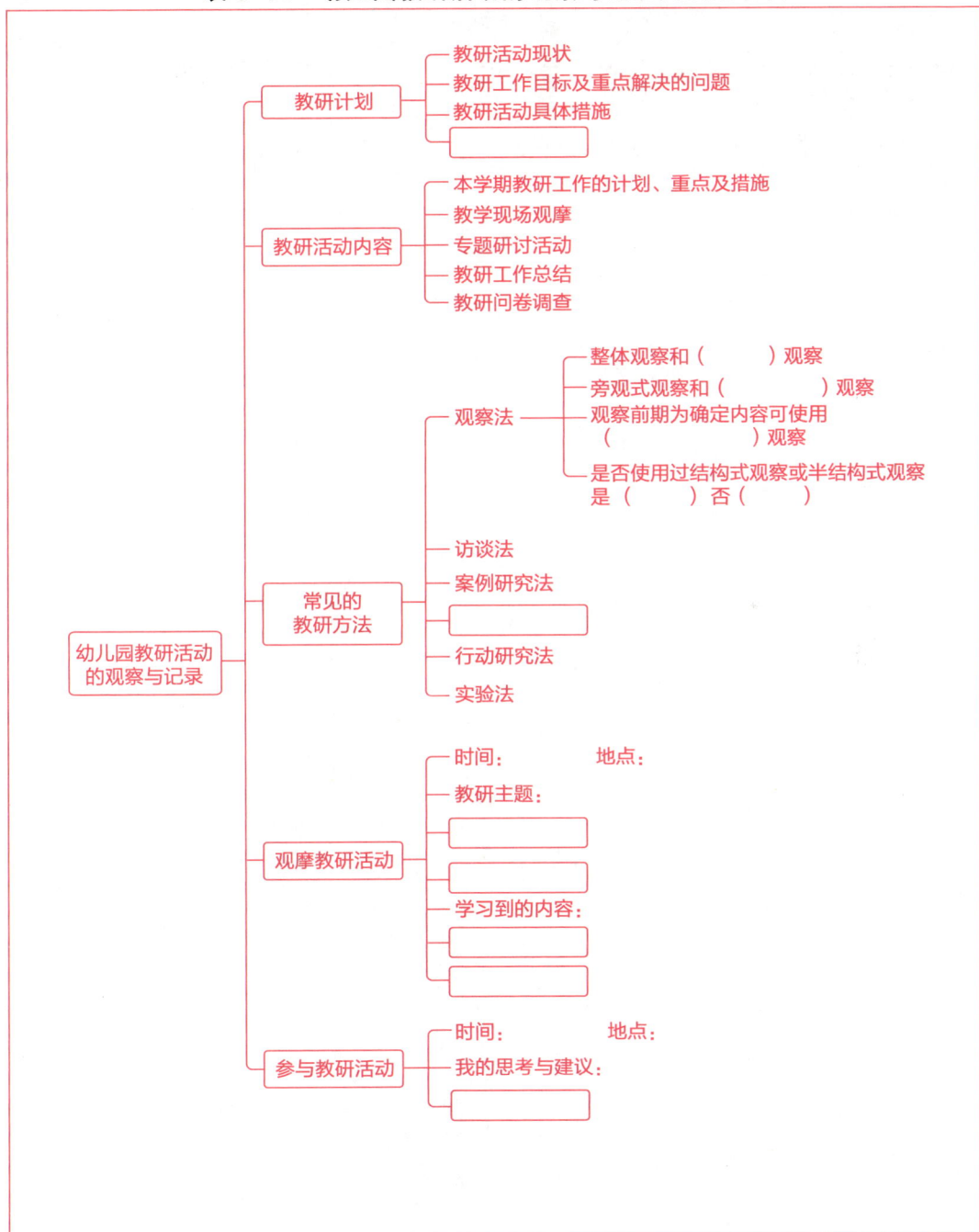

```
幼儿园教研活动
的观察与记录
├── 教研计划
│    ├── 教研活动现状
│    ├── 教研工作目标及重点解决的问题
│    ├── 教研活动具体措施
│    └── [      ]
│
├── 教研活动内容
│    ├── 本学期教研工作的计划、重点及措施
│    ├── 教学现场观摩
│    ├── 专题研讨活动
│    ├── 教研工作总结
│    └── 教研问卷调查
│
├── 常见的
│    教研方法
│    ├── 观察法
│    │    ├── 整体观察和（      ）观察
│    │    ├── 旁观式观察和（      ）观察
│    │    ├── 观察前期为确定内容可使用
│    │    │   （      ）观察
│    │    └── 是否使用过结构式观察或半结构式观察
│    │        是（      ）　否（      ）
│    ├── 访谈法
│    ├── 案例研究法
│    ├── [      ]
│    ├── 行动研究法
│    └── 实验法
│
├── 观摩教研活动
│    ├── 时间：　　　地点：
│    ├── 教研主题：
│    ├── [      ]
│    ├── [      ]
│    └── 学习到的内容：
│        ├── [      ]
│        └── [      ]
│
└── 参与教研活动
     ├── 时间：　　　地点：
     └── 我的思考与建议：
         └── [      ]
```

请结合实践学习，填写教研活动记录表（见表5–12）。

表 5–12　教研活动记录表

活动时间			活动地点		活动形式	
主持人			教研内容			
教研时长	班级	教师	活动内容		听评课教师签名	

活动目标：

活动内容：

探讨、交流、小结：

任务五　幼儿一日生活优化的教研

本任务课件

1.实践总体要求

（1）实践指引

教研活动是幼儿教师改善自身行为的反思性实践和专业能力提升的过程。问题式教研重在走进教学现场去观察、发现和思考真实的教学问题，有重点、有针对性地进行观察、反思及改进。在针对幼儿园班级的教研中，因幼儿年龄的特点和经验有限，在一日生活中随时会产生的一些问题，需要教师敏锐地观察、及时地引导、不断地研讨，树立问题意识，思考和解决一日生活中的流程和指导要点、常规培养、安全意识、幼儿自主学习环境创设等，促进幼儿一日生活的优化和改进。

（2）实践目的

①观察和记录幼儿园一日生活的内容和实施要点。

②掌握聚焦一日生活优化开展教研的方法。

③能够借助观摩记录表开展对教研问题的梳理。

（3）实践内容

幼儿一日生活优化教研的实践内容、实践目标和要求见表5-13。

表5-13　幼儿一日生活优化教研的实践内容、实践目标和要求

序号	实践内容	实践目标和要求
1	教研活动	1.观察幼儿园一日活动的内容和实施要点。 2.围绕观察到的内容思考教研重点
2	教研实施	1.掌握借助观摩记录表等梳理教研问题。 2.能够聚焦一日生活优化开展教研思考

2.实践记录

幼儿一日生活优化的教研实践记录表见表5-14。

挑食幼儿家长工作

表 5-14　幼儿一日生活优化的教研实践记录表

幼儿一日生活优化的教研
- 班级环境创设
  - 自主学习环境
    - 材料创设：
    - 使用情况：
    - 学习状态：语言、操作水平
    - 幼儿互动
    - 师幼互动
  - 教师的支持和指导
    - 记录：
- 一日生活常规
  - 请记录：
  - 常规内容（选两个方面）
  - 幼儿遵循情况
  - 效果分析
  - 其他想到的：
- 区域活动中的讲解
  - 聚焦区域：
  - 使用方法：
  - 效果分析：
- 问题式教研
  - 问题形成
  - 问题梳理
  - 问题研究

结合幼儿园一日生活开展的实际情况，将表5-15所示幼儿一日活动观摩记录表填写完整。

表 5-15 幼儿一日生活观摩记录表

班级：_____ 观察时间：_____

观摩内容	幼儿常规培养方案	常规观察内容	效果分析
常规培养	有（ ）无（ ）		
观摩内容	有无消极等待	过渡环节组织	效果分析
过渡环节	有（ ）无（ ）		
常规儿歌内容（小班）	入园歌：园服穿好背书包，入园先问老师好，书包放进小柜里，老师夸我好宝宝	排队歌：	爱惜玩具：
幼儿自主学习	教师的讲解方式	幼儿的学习状态	效果分析
区域活动游戏			

任务六　幼儿偏食和挑食问题的教研

本任务课件

1.实践总体要求

（1）实践指引

通过幼儿饮食健康习惯调研发现，很多父母都有一个共同的困惑：可爱的孩子为什么到吃饭的时候，各种不好的习惯就表现出来了？幼儿教师也在进餐环节发现，班级里总有一些挑挑拣拣的幼儿，青菜不吃、鱼不吃、酸的不吃，不喜欢吃的就一口不吃，导致身体又瘦又小，以致出现营养不良或者过度肥胖的情况。偏食和挑食行为会影响幼儿获得全面的营养，影响身体的正常生长发育。有关幼儿偏食和挑食不良习惯的纠正，也是幼儿园保育教研的重点之一。作为家长和幼儿教师都需要通过探讨而获得合适的方式方法来有效解决幼儿偏食和挑食的问题。

（2）实践目的

①观察和梳理幼儿园班级中普遍存在的偏食和挑食问题。

②分析幼儿偏食和挑食问题的原因并研讨策略。

③能够提出解决策略并与指导教师研讨优化。

（3）实践内容

幼儿偏食和挑食问题教研的实践内容、实践目标和要求见表5-16。

表5-16　幼儿偏食和挑食问题教研的实践内容、实践目标和要求

序号	实践内容	实践目标和要求
1	聚焦问题	1.观察幼儿园班级中普遍存在的偏食和挑食问题。 2.围绕幼儿各年龄段的重点问题表现做好记录
2	研讨策略	1.借助观察记录法等方法聚焦幼儿偏食和挑食现象。 2.思考解决偏食和挑食问题的策略
3	解决策略	能够提出解决策略，并与指导教师研讨、优化并实施

2.实践记录

幼儿偏食和挑食问题的教研实践记录表见表5-17。

表 5-17　幼儿偏食和挑食问题的教研实践记录表

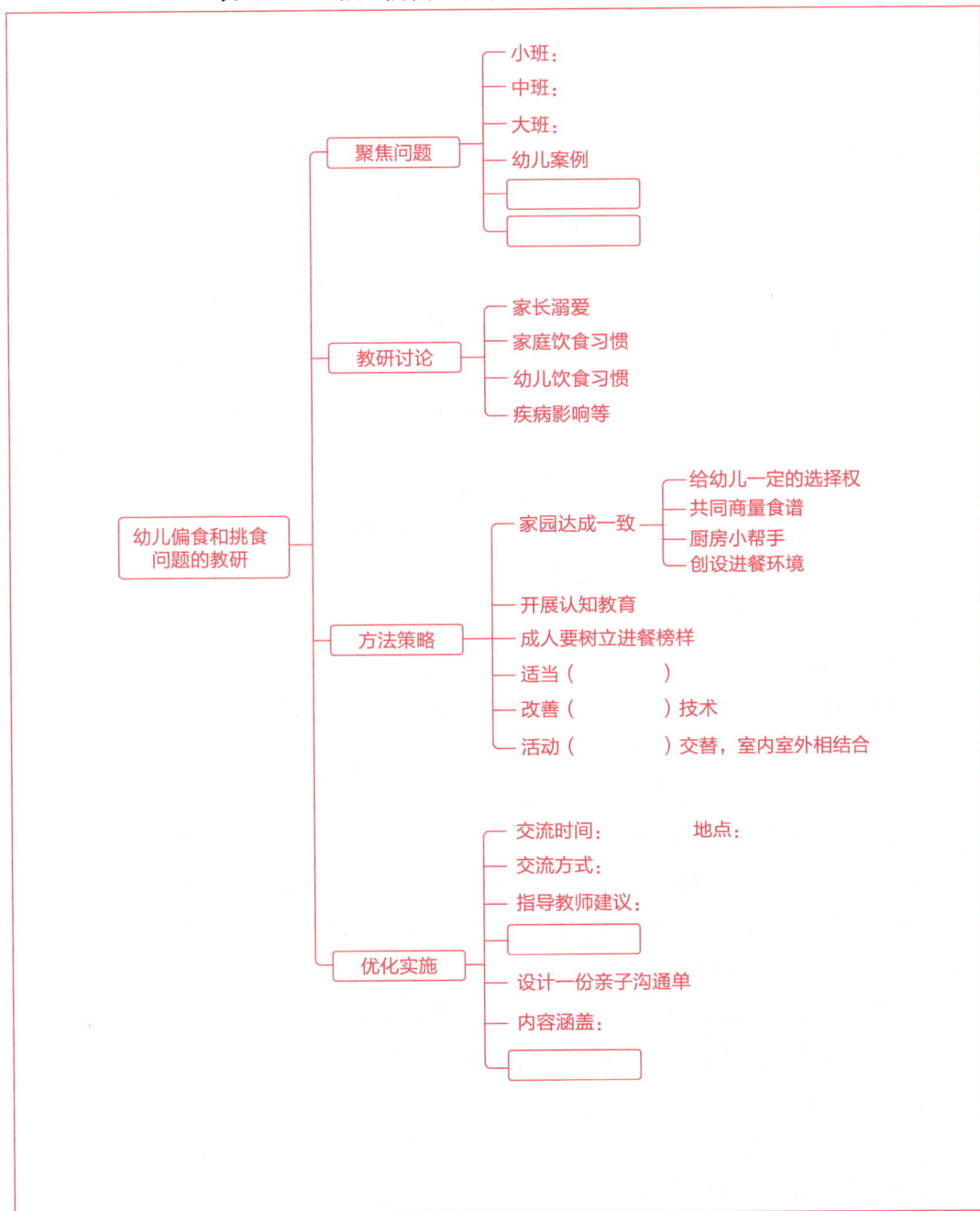

```
                                          ┌── 小班：
                                          ├── 中班：
                            ┌── 聚焦问题 ──┼── 大班：
                            │             ├── 幼儿案例
                            │             ├── ┌──────────┐
                            │             └── └──────────┘
                            │
                            │             ┌── 家长溺爱
                            │             ├── 家庭饮食习惯
                            ├── 教研讨论 ──┼── 幼儿饮食习惯
                            │             └── 疾病影响等
                            │
                            │                              ┌── 给幼儿一定的选择权
                            │                              ├── 共同商量食谱
                            │             ┌── 家园达成一致 ─┼── 厨房小帮手
 幼儿偏食和挑食 ──────────────┤             │                └── 创设进餐环境
 问题的教研                  │             ├── 开展认知教育
                            ├── 方法策略 ──┼── 成人要树立进餐榜样
                            │             ├── 适当（　　　　）
                            │             ├── 改善（　　　　）技术
                            │             └── 活动（　　　　）交替，室内室外相结合
                            │
                            │             ┌── 交流时间：　　　　　地点：
                            │             ├── 交流方式：
                            │             ├── 指导教师建议：
                            └── 优化实施 ──┤   ┌──────────┐
                                          │   └──────────┘
                                          ├── 设计一份亲子沟通单
                                          └── 内容涵盖：
                                              ┌──────────┐
                                              └──────────┘
```

请结合自己掌握的问卷调查法，将表5-18所示幼儿习惯调查表补充完整，以获取有关家园共育的信息。

表5-18　幼儿习惯调查表

前言：

_____

_____

_____

_____

_____

_____

幼儿年龄：_____　家长职业：_____　家长年龄：_____

一、卫生习惯

1.您孩子是否已经养成了勤洗手、勤剪指甲等习惯，能够保持个人卫生？是_____ 否_____

2.您孩子是否能自觉地爱护生活环境和自然环境？是_____ 否_____

二、礼仪习惯

1.在家里您孩子是否能主动向客人、长辈问好？是_____ 否_____

2.您孩子是否会正确使用礼貌用语？例如谢谢、对不起、再见等。是_____ 否_____

3.您孩子是否会主动帮助有困难或需要帮助的人？是_____ 否_____

三、生活习惯

1.您孩子进餐时是否能够独立进餐？是_____ 否_____

2.您孩子是否有爱惜粮食的好习惯？是_____ 否_____

3.您孩子是否有节约用水的好习惯？是_____ 否_____

4.您孩子是否有早睡早起的好习惯？是_____ 否_____

5.您孩子是否养成了正确的坐、立姿势？是_____ 否_____

6.您孩子是否有爱护玩具、图书和物品的好习惯？是_____ 否_____

四、学习习惯

1.您孩子在学习时是否认真仔细、爱动脑筋思考？是_____ 否_____

2.您孩子是否能专注地倾听、认真地看书？是_____ 否_____

3.您孩子是否对周围环境和周围事物有较强烈的探索欲望？是_____ 否_____

（续表）

五、其他补充问题（请结合实际，补充完整）

_____

_____

_____

_____

_____

_____

_____

时间：_____

🌸 任务七　幼儿园户外活动的教研

1.实践总体要求

（1）实践指引

游戏是幼儿最基本的活动。在户外活动时，幼儿不仅可以在与同伴的嬉戏中体会到游戏的快乐，还能在参与中体会到运动的挑战性与竞争性。在幼儿园中，户外活动备受幼儿喜欢，幼儿可以勇敢独立地参与、专注地体验。户外活动作为游戏活动可以与各种教学主题自主结合，而且游戏材料不但可循环使用，还具有低结构化、自然化的特点。由于幼儿年龄小，在游戏过程中他们的体力、判断力、观察力有限，教师应注意给予幼儿正确的指导以保证他们的安全，培养幼儿的判断力和自我保护能力。

（2）实践目的

①观察幼儿园户外活动开展的类型。

②掌握开展幼儿园户外活动的安全要点。

③能够提出户外活动开展的优化策略并与指导教师研讨。

（3）实践内容

幼儿园户外活动教研的实践内容、实践目标和要求见表5-19。

表 5-19　幼儿园户外活动教研的实践内容、实践目标和要求

序号	实践内容	实践目标和要求
1	户外活动	观察幼儿园户外活动的类型
2	安全要点	观察并记录户外活动开展前、活动中及活动后的安全要点
3	解决策略	能够提出户外活动开展的优化策略并与指导教师研讨

2.实践记录

幼儿园户外活动的教研实践记录表见表5-20。

表 5-20　幼儿园户外活动的教研实践记录表

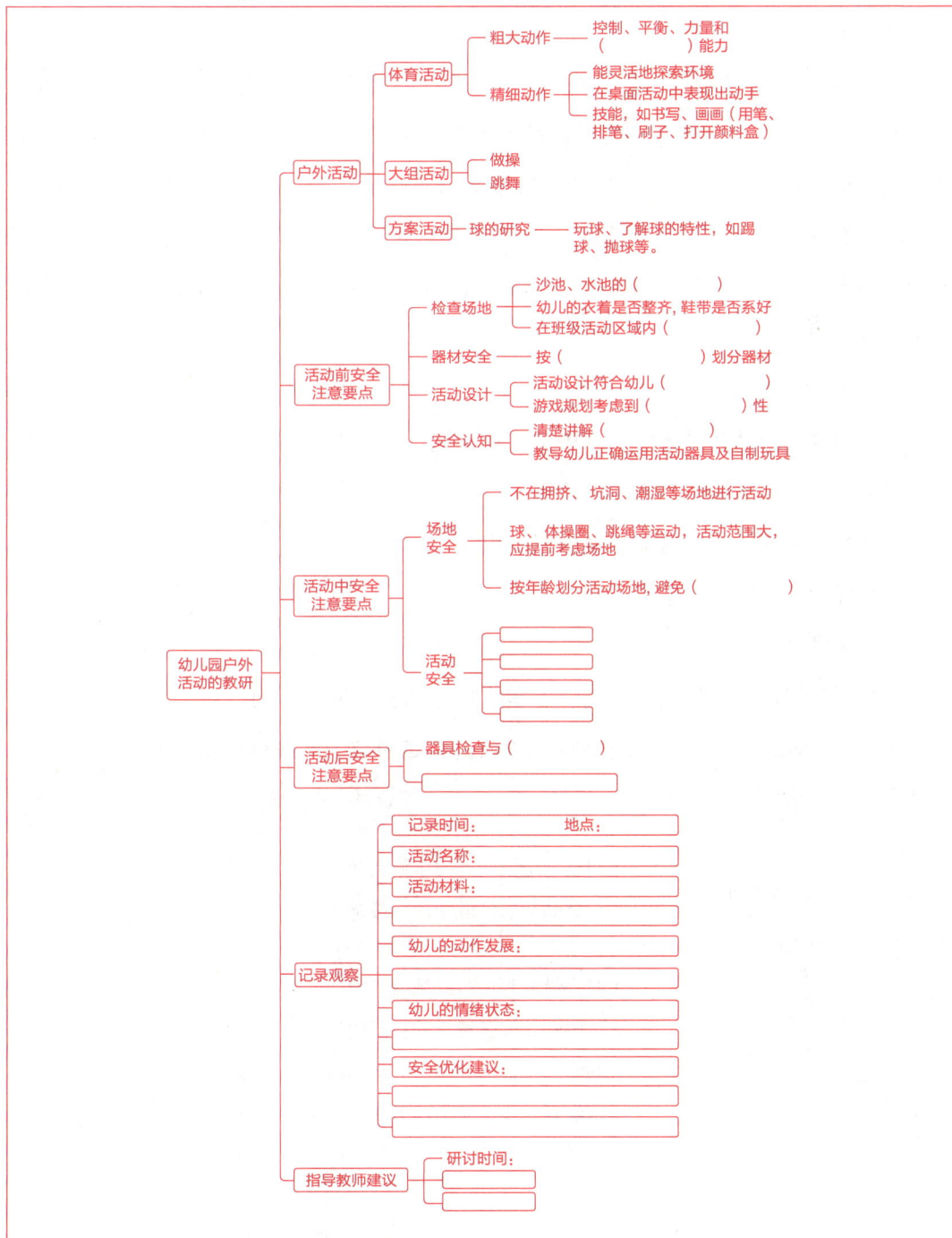

```
幼儿园户外活动的教研
├─ 户外活动
│   ├─ 体育活动
│   │   ├─ 粗大动作 ── 控制、平衡、力量和（　　　　）能力
│   │   └─ 精细动作 ── 能灵活地探索环境
│   │                   在桌面活动中表现出动手
│   │                   技能，如书写、画画（用笔、排笔、刷子、打开颜料盒）
│   ├─ 大组活动 ── 做操
│   │               跳舞
│   └─ 方案活动 ── 球的研究 ── 玩球、了解球的特性，如踢球、抛球等。
├─ 活动前安全注意要点
│   ├─ 检查场地 ── 沙池、水池的（　　　　　）
│   │               幼儿的衣着是否整齐，鞋带是否系好
│   │               在班级活动区域内（　　　　　）
│   ├─ 器材安全 ── 按（　　　　　　　）划分器材
│   ├─ 活动设计 ── 活动设计符合幼儿（　　　　　）
│   │               游戏规划考虑到（　　　　）性
│   └─ 安全认知 ── 清楚讲解（　　　　　）
│                   教导幼儿正确运用活动器具及自制玩具
├─ 活动中安全注意要点
│   ├─ 场地安全 ── 不在拥挤、坑洞、潮湿等场地进行活动
│   │               球、体操圈、跳绳等运动，活动范围大，应提前考虑场地
│   │               按年龄划分活动场地，避免（　　　　　）
│   └─ 活动安全
├─ 活动后安全注意要点 ── 器具检查与（　　　　）
├─ 记录观察
│   ├─ 记录时间：　　　　地点：
│   ├─ 活动名称：
│   ├─ 活动材料：
│   ├─ 幼儿的动作发展：
│   ├─ 幼儿的情绪状态：
│   └─ 安全优化建议：
└─ 指导教师建议 ── 研讨时间：
```

任务八　幼儿园区域活动的教研

本任务课件

1.实践总体要求

（1）实践指引

幼儿的学习是以直接经验为基础，并在游戏和日常生活中进行的，游戏是幼儿园教育的基本形式。重视游戏和生活的独特价值，创设丰富的教育环境，合理安排一日生活，能最大限度地满足幼儿通过直接感知、实际操作和亲身体验获取经验的需要。清楚幼儿游戏的过程比结果更重要，幼儿思维的灵活性和发散性也决定了通过游戏开展学习的潜在性、内隐性、累积性。因此，围绕区域游戏活动开展的教研也是幼儿园教研工作的重点之一。

（2）实践目的

①观察并记录幼儿园区域活动中出现的问题。

②了解幼儿园区域活动教研的流程。

③观察和掌握幼儿园区域活动教研的内容。

④掌握幼儿园区域活动教研的方法。

（3）实践内容

幼儿园区域活动教研的实践内容、实践目标和要求见表5-21。

表5-21　幼儿园区域活动教研的实践内容、实践目标和要求

序号	实践内容	实践目标和要求
1	区域活动	1.观察并记录幼儿园区域活动中出现的问题。 2.记录幼儿园区域活动中教师的指导方法
2	区域活动教研	1.对指导教师进行区域活动教研问题访谈。 2.了解幼儿园区域活动教研的流程。 3.观察和掌握幼儿园区域活动教研的内容。 4.掌握幼儿园区域活动教研的方法

2.实践记录

幼儿园区域活动的教研实践记录表见表5-22。

听课记录表

表 5-22　幼儿园区域活动的教研实践记录表

- 幼儿园区域活动的教研
  - 区域活动
    - 幼儿个别化活动
    - 幼儿自主选择（　　　　　　　）
    - 幼儿以自己的方式学习
    - 教师的两大任务：
      环境创设、（　　　　　　　　）
  - 观察区域活动
    - 幼儿园：　　　　　　班级：
    - 开展情况：
    - 指导介入：
    - 是否有活动总结交流：是（　　　）否（　　　）
    - 幼儿收拾整理指导
    - 思考如何促进幼儿在游戏中能够有效学习？
  - 观察自主游戏
    - 　　　　　　　　　　　　
  - 教研访谈
    - 根据观察思考自己困惑的问题，请教指导教师，做好记录。
      1.　　　　　　　　
      2.　　　　　　　　
      3.　　　　　　　　
    - 区域教研频次：　　　次/周
    - 内容
    - 形式
  - 区域活动介入
    - 幼儿在较长一段时间内（　　　　　）时介入
    - 幼儿一直重复做同一件事情
    - 幼儿四处张望想参加某个游戏，却（　　　　　）
    - 幼儿没有完成一件事情却去做另一件事情
    - 幼儿较长时间不与其他人交流
    - 　　　　　　　　　　　　
    - 介入指导的方法有：直接指导、间接指导、＿＿＿＿和＿＿＿＿
    - 指导内容：
  - 班级区域活动的设计
    - 观察班级区域活动的界限
      平面界限（　　　）立体界限（　　　）挂饰界限（　　　）
    - 观察班级活动区域的隔断

请结合小班幼儿的发展特征对活动室进行区域环境规划设计，写出设计方案，说明自己的设计思路，并画出设计方案图。规划设计时可运用高柜子、高架子、玩具架、书架、桌椅、地毯等物品。

设计说明：

任务九　幼儿园说课、听评课的教研

本任务课件

1.实践总体要求

（1）实践指引

说课就是教师在精心备课的基础上，针对某一课题或教学活动，并结合教育对象的实际情况，用口头表述其教学设想和理论依据的教研活动过程。简言之，就是要说清教什么、怎么教、为什么这样教。说课的重点在于活动重点和难点的突破上，是提高教师教学素养、增强教学能力的有效方式，是幼儿园师资培训的一种有效的组织形式。评课作为一种教研活动，是说服的艺术，有操作的规律和要领可循，需整体了解评课的原则、要领、形式和技巧。

（2）实践目的

①观察和了解幼儿园说课、评课活动的形式。

②掌握幼儿教师说课活动的基本流程、原则和常见问题。

③掌握幼儿园评课活动的基本操作流程。

（3）实践内容

幼儿园说课、听评课教研的实践内容、实践目标和要求见表5-23。

表 5-23　幼儿园说课、听评课教研的实践内容、实践目标和要求

序号	实践内容	实践目标和要求
1	教研观摩	1.观摩幼儿园的教研活动，围绕教研活动目标和内容做好记录。 2.了解幼儿园的教研制度和教研活动内容
2	说课教研	1.观察幼儿园说课活动的形式。 2.掌握幼儿园说课活动的基本流程、原则和常见问题
3	评课活动	掌握幼儿园评课活动的基本操作流程、原则、要领、形式和技巧

2. 实践记录

幼儿园说课、听评课的教研实践记录表见表5–24。

表 5–24　幼儿园说课、听评课的教研实践记录表

- 幼儿园说课、听评课的教研
  - 幼儿园教研工作
    - 教研组长在（　　　　　　）的领导下，分管本园的教学教研工作
      - 制订教研工作计划
      - 开展教研活动及（　　　　　　）
      - 组织集体备课并督促实施
      - 组织业务竞赛
      - 负责年级工作计划和总结
  - 观察教研活动
    - 时间：　　　　　　地点：
    - 内容：
    - ［　　　　　　］
    - 我学习到：
    - ［　　　　　　］
  - 幼儿园说课活动
    - 说教材
      - 教学目标及确立依据
      - 精细动作
        - 知识目标
        - ［　　　　　　］
        - ［　　　　　　］
    - 说教法
      - 教学方法
        - 突出启发性、主体性，注重思维品质。
        - 如多媒体教学法、（　　　　　　）、直观演示示范法、启发探究体验法、讲述故事和（　　　　　　）法、设置情境表演法等
      - 教学手段
    - 说学法
      - 重视学习过程，倡导幼儿主动参与，乐于研究，进行交流与合作。学会倾听、表述、观察、思考、讨论、表演
    - 说教学程序
      - 教学过程的（　　　　　　）
      - 主要环节设计、化解教学难点的具体步骤
      - 师生双边活动的（　　　　　　）及学情依据
    - 基本原则
      - 说理：说清为什么这样教
      - 客观真实，具有可操作性
      - 说主不说次，说大不说小，说精不说粗，说难不说易；有话则长，无话则短，不拘形式，自由研讨
      - 富有灵活性，体现教学设计特色，展示教学特长
    - 自主撰写一篇说课稿，请教指导教师
      - 指导时间：　　　　　　形式：
      - 建议：
  - 幼儿园评课活动
    - 评教学目标：目标定位是否准确、可操作、具有弹性
    - 评教材选择和处理：是否贴近（　　　　　　），符合幼儿的年龄特点与幼儿的现有兴趣
    - 是否突出了重点、突破了难点、抓住了关键
    - 评教学过程
    - ［　　　　　　］
    - 评教学方法与手段
    - 评教学基本功：（　　　　）、（　　　　）、回应方式、问题设计、学法指导、能力培养等
    - 评师幼关系

请围绕主题教学活动设计并完成说课稿，见表5-25。

表 5-25　教师技能技巧提升——说课稿

教　师：		时　间：	
说课班级：	说课领域：		说课名称：
一、说教材：			
二、说目标：			
三、活动准备：			
四、说教法：			
五、说教学程序：			

🔖 任务十　幼儿园主题活动设计与实施的教研

本任务课件

1.实践总体要求

（1）实践指引

主题活动是幼儿园常见的课程类型，是以幼儿生活中的主题为核心，以幼儿的兴趣为出发点而设计的课程。主题活动依据幼儿真实经验和已有知识，以主题建构为教育内容的组织形式，在活动开展过程中对幼儿加以引导、启发，以整合知识、拓宽视野、发挥潜能、培养能力。主题活动体现了各学习领域内容的有机渗透和共融，将富有教育意义的故事、儿歌、歌曲等作为教育活动的材料，确定教育活动目标，家园共同搜集活动开展的资源，形成活动的全过程。有关主题活动的教研主要是依据对幼儿在活动中的观察记录、活动录像，开展教学反思与课程预设，并协同家长开展主题活动的研讨。

（2）实践目的

①观察和了解幼儿园围绕主题活动设计与实施的教研活动。

②掌握开展主题活动教研的基本思路。

③掌握利用家长资源开展主题活动的方法。

（3）实践内容

幼儿园主题活动设计与实施教研的实践内容、实践目标和要求见表5-26。

表 5-26　幼儿园主题活动设计与实施教研的实践内容、实践目标和要求

序号	实践内容	实践目标和要求
1	教研观摩	1.观摩幼儿园围绕主题活动开展的教研活动。 2.了解幼儿园主题活动教研的常见形式
2	主题教研	1.观察主题活动教研的内容。 2.掌握主题活动教研的开展流程和常见问题
3	家园共育	掌握利用家长资源开展主题活动的方法

2.实践记录

幼儿园主题活动设计与实施的教研实践记录表见表5-27。

表 5-27 幼儿园主题活动设计与实施的教研实践记录表

主题活动设计与实施的教研

观察主题教研
- 时间： 地点：
- 教研主题：
- 主题活动预设研讨
-
- 预设活动：
- 实施中研讨：
- 是否有家长资源参与：是（ ）否（ ）

主题资源的整理与分析
- 资料编码：录像、观察、讨论、聊天、访谈、教案、文件、意见等
- 资料整理与分析

主题教研活动的内容
- 主题的确定——基于幼儿发展和（ ）
- 主题是以某件事、物为名目，尽可能地全面考虑各领域相关的学习内容
- 方案针对人、物、事，以解决问题、了解事物
- 重视互动与合作
- 生成（ ），确定活动内容纲要
- 设计活动的内容
- 学习环境的规划与布置
- 如何开展家园合作——（ ）
- 保存主题资源，记录开展历程
- 活动反思与评估研讨
- 专家介入与指导

家园配合
- 搜集幼儿的兴趣点和主题开展脉络
- 记录幼儿的语言、行动和奇思妙想
- 指导幼儿开展活动延伸探索
- 提供活动资源的准备
- 协助参与活动实施的家长进课堂

请就你自己设计的主题活动向指导教师请教
- 活动领域：
-
- 其他：
-

请以"植物奥秘"为主题设计主题活动家长联系单，邀请家长记录幼儿在家的主题探索过程。

主题活动家长联系单《植物奥秘》

班级：　　　　　　　　　　幼儿姓名：

内容：植物发芽

亲爱的家长：

幼儿园本月的主题活动是"植物奥秘"。让我们和幼儿一起种植大蒜：和幼儿一起找一个花盆，去户外取土装上，把大蒜掰开去皮，插进土里，浇上一点水，放在阳台上。请提醒幼儿观察大蒜的生长情况并做好记录。也可以种植水仙、土豆等。

活动形式：

种植活动，观察记录活动

请自行设计植物生长记录表。

任务十一　幼儿园幼小衔接专题的教研

本任务课件

1.实践总体要求

（1）实践指引

教育部颁发的《关于大力推进幼儿园与小学科学衔接的指导意见》明确指出：幼小衔接主要应该关注幼儿园和小学的儿童在身心健康与适应、生活准备与适应、社会准备与适应、学习准备与适应等方面的衔接。要创设条件，转变观念，引导幼儿园、小学教师及家长建立科学的教育观念与教育行为，促进幼小科学衔接的教育生态形成。幼儿园和家庭要关注幼儿发展的连续性，尊重幼儿的原有经验和发展差异，关注幼儿发展的整体性，帮助幼儿做好身心全面准备和适应，关注幼儿发展的可持续性，培养有益于幼儿终身发展的习惯与能力。

（2）实践目的

①观察和了解幼儿园围绕幼小衔接开展的活动形式和内容。

②掌握幼儿入学适应教育的指导要点。

③了解幼儿入学准备教育的指导要点。

（3）实践内容

幼儿园幼小衔接专题教研的实践内容、实践目标和要求见表5-28。

5-28　幼儿园幼小衔接专题教研的实践内容、实践目标和要求

序号	实践内容	实践目标和要求
1	幼小衔接	1.观察幼儿园围绕幼小衔接开展的活动形式和内容。 2.了解小学一年级学习的课程及内容
2	入学适应	1.了解幼儿进入小学时所需的关键素质。 2.掌握帮助幼儿做好入学适应的教育途径和方法
3	入学准备	了解幼儿小学入学时所需的身心准备和物质准备

2.实践记录

幼儿园幼小衔接专题的教研实践记录表见表5-29。

小学入学适应教育
指导要点

表 5-29　幼儿园幼小衔接专题的教研实践记录表

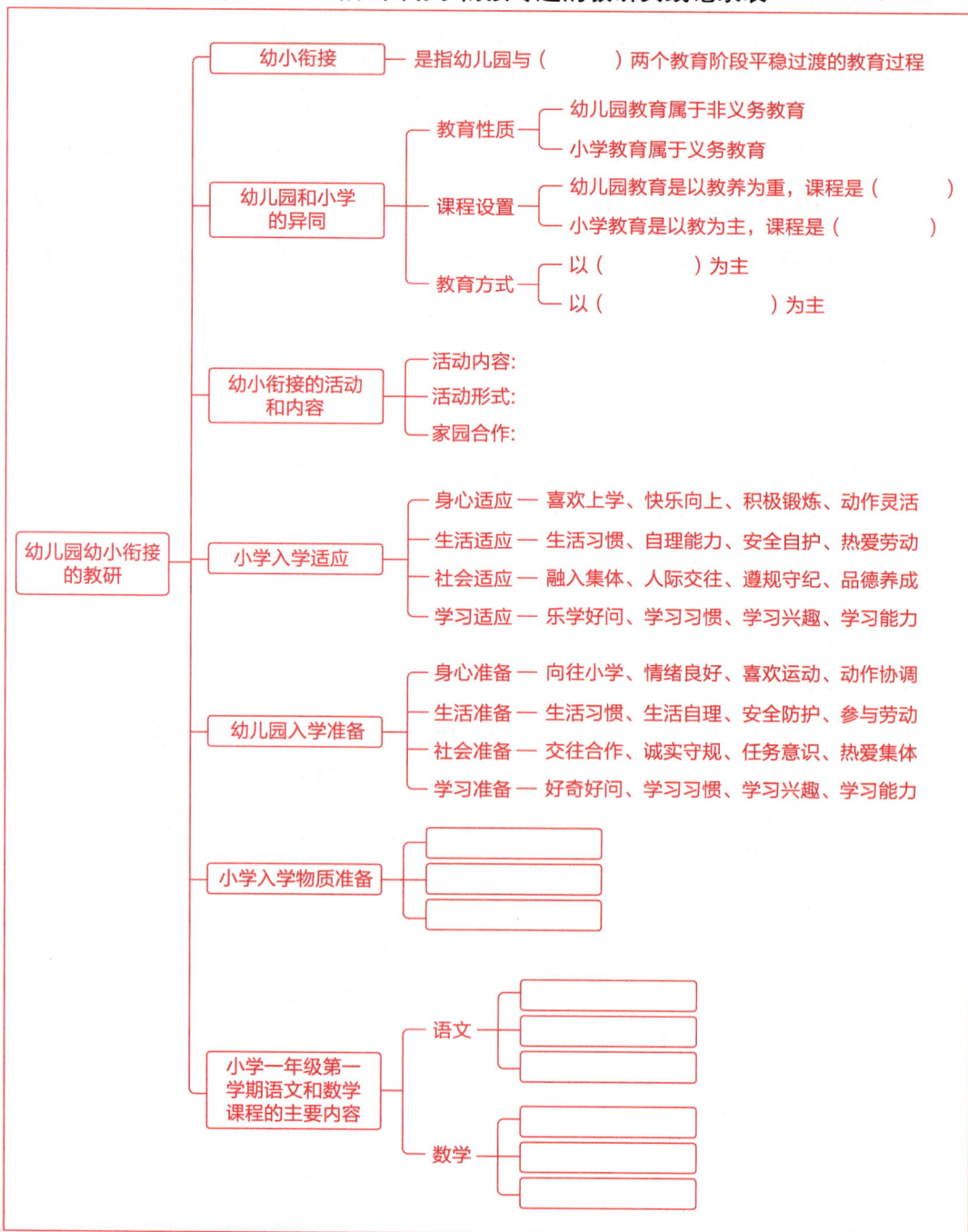

幼儿园幼小衔接的教研

- 幼小衔接 —— 是指幼儿园与（　　　　）两个教育阶段平稳过渡的教育过程

- 幼儿园和小学的异同
  - 教育性质
    - 幼儿园教育属于非义务教育
    - 小学教育属于义务教育
  - 课程设置
    - 幼儿园教育是以教养为重，课程是（　　　）
    - 小学教育是以教为主，课程是（　　　）
  - 教育方式
    - 以（　　　）为主
    - 以（　　　　　　　　）为主

- 幼小衔接的活动和内容
  - 活动内容：
  - 活动形式：
  - 家园合作：

- 小学入学适应
  - 身心适应 —— 喜欢上学、快乐向上、积极锻炼、动作灵活
  - 生活适应 —— 生活习惯、自理能力、安全自护、热爱劳动
  - 社会适应 —— 融入集体、人际交往、遵规守纪、品德养成
  - 学习适应 —— 乐学好问、学习习惯、学习兴趣、学习能力

- 幼儿园入学准备
  - 身心准备 —— 向往小学、情绪良好、喜欢运动、动作协调
  - 生活准备 —— 生活习惯、生活自理、安全防护、参与劳动
  - 社会准备 —— 交往合作、诚实守规、任务意识、热爱集体
  - 学习准备 —— 好奇好问、学习习惯、学习兴趣、学习能力

- 小学入学物质准备

- 小学一年级第一学期语文和数学课程的主要内容
  - 语文
  - 数学

🔖 任务十二 幼儿教师个人职业规划

本任务课件

1.实践总体要求

（1）实践指引

幼儿教师个人职业规划是幼儿教师本人为自己的专业发展设计的蓝图，它能为幼儿教师的专业发展提供引导和借鉴，也能为幼儿教师对自身专业发展的反思提供参照。幼儿教师要了解教师专业发展的要求，具有终身学习与自主发展的意识。根据学前教育课程改革的动态和发展情况，制定幼儿教师职业生涯发展规划，以清晰地认识自己。充分了解自己的性格、兴趣、优势和劣势，才能规划出一条适合自己发展的职业生涯道路。

（2）实践目的

①了解幼儿教师职业发展规划书的内容构成。

②掌握幼儿教师职业发展规划的基本思路。

③能结合实践完成个人职业规划设计。

（3）实践内容

幼儿教师个人职业规划的实践内容、实践目标和要求见表5-30。

表 5-30　幼儿教师个人职业规划的实践内容、实践目标和要求

序号	实践内容	实践目标和要求
1	规划构成	1.了解幼儿教师职业发展规划书的作用。 2.了解幼儿教师职业发展规划书的内容
2	规划思路	1.了解幼儿教师个人发展规划书的体例结构。 2.掌握职业发展规划的方法和常见问题处理
3	实践内容	能设计个人职业发展规划书

2.实践记录

幼儿教师个人职业规划实践记录表见表5–31。

表5–31　幼儿教师个人职业规划实践记录表

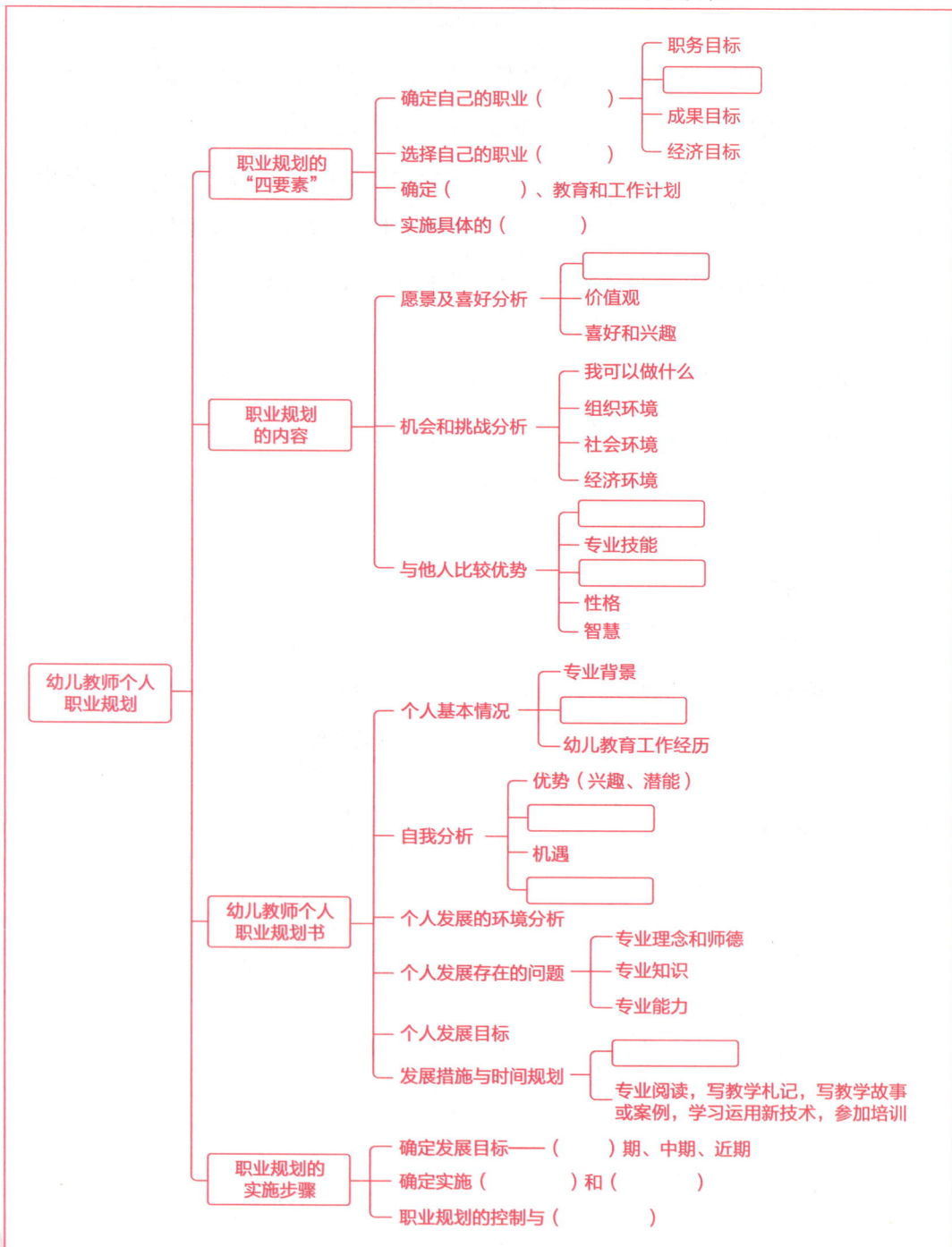

```
幼儿教师个人职业规划
├─ 职业规划的"四要素"
│   ├─ 确定自己的职业（　　　）
│   │   ├─ 职务目标
│   │   ├─ 成果目标
│   │   └─ 经济目标
│   ├─ 选择自己的职业（　　　）
│   ├─ 确定（　　　）、教育和工作计划
│   └─ 实施具体的（　　　）
├─ 职业规划的内容
│   ├─ 愿景及喜好分析
│   │   ├─ 价值观
│   │   └─ 喜好和兴趣
│   ├─ 机会和挑战分析
│   │   ├─ 我可以做什么
│   │   ├─ 组织环境
│   │   ├─ 社会环境
│   │   └─ 经济环境
│   └─ 与他人比较优势
│       ├─ 专业技能
│       ├─ 性格
│       └─ 智慧
├─ 幼儿教师个人职业规划书
│   ├─ 个人基本情况
│   │   ├─ 专业背景
│   │   └─ 幼儿教育工作经历
│   ├─ 自我分析
│   │   ├─ 优势（兴趣、潜能）
│   │   └─ 机遇
│   ├─ 个人发展的环境分析
│   ├─ 个人发展存在的问题
│   │   ├─ 专业理念和师德
│   │   ├─ 专业知识
│   │   └─ 专业能力
│   ├─ 个人发展目标
│   └─ 发展措施与时间规划
│       └─ 专业阅读，写教学札记，写教学故事或案例，学习运用新技术，参加培训
└─ 职业规划的实施步骤
    ├─ 确定发展目标——（　　　）期、中期、近期
    ├─ 确定实施（　　　）和（　　　）
    └─ 职业规划的控制与（　　　）
```

精彩人生，始于规划，请结合自己的实际情况，完成表5-32所示个人职业发展规划书。

表 5-32 个人职业发展规划书

个人基本信息					
姓 名		性别		出生日期	
学 历		毕业院校		专 业	
SWOT分析					
优 势：			劣 势：		
机 会：			挑 战：		
个人发展目标					
职务目标：					
能力目标：					
成果目标：					
经济目标：					
职业发展定位					
短期（1~3年）		中期（3~5年）		长期（5年以上）	
具体措施		具体措施		具体措施	
教学能力：		教学能力：		教学能力：	
培训提升：		培训提升：		培训提升：	
其他：		其他：		其他：	

学生自评表见表5-33。

表 5-33　学生自评表

自评日期：　　　年　　　月　　　日

我的长处	
需加强之处	
指导老师的经验和建议	
下一步的计划	
贴心小贴士（记录自己的经验与心得）	
积累的资源库	

注：围绕自己在幼儿园组织开展的教学活动填写上表。

实践任务总结见表5–34。

表 5–34　实践任务总结

姓名：	学号：	班级：	幼儿园名称：
实践单位的情况：			
实践目的：			
实践内容：			
实践收获：			

实践任务评定见表5-35。

表5-35　实践任务评定

姓名：	学号：	实习班级：	总成绩（百分制）：
指导教师评语：			
成绩（百分制）：			
		指导教师签名： 幼儿园盖章 年　月　日	
带队教师评语：			
成绩（百分制）：			
		带队教师签名： 年　月　日	

备注：

（1）幼儿园指导教师评定内容主要包括入园实践学生的工作纪律、仪容仪表、对待幼儿和学习的态度、学习能力等方面。

（2）带队教师评定内容主要包括入园实践学生教学任务手册填写情况、实践总体表现及园方评价。

（3）入园实践任务总成绩由两部分组成：幼儿园评定占60%，带队教师评定占40%。

模块拓展

★ 《学前教育专业师范生教师职业能力标准（试行）》

一、师德践行能力

1.1　遵守师德规范

1.1.1　理想信念

学习贯彻习近平新时代中国特色社会主义思想，深入学习习近平总书记关于教育的重要论述，以及党史、新中国史、改革开放史和社会主义发展史内容，形成对中国特色社会主义的思想认同、政治认同、理论认同和情感认同，能够在教书育人实践中自觉践行社会主义核心价值观。

树立职业理想，立志成为有理想信念、有道德情操、有扎实学识、有仁爱之心的好老师。

1.1.2　立德树人

理解立德树人的内涵，形成立德树人的理念，掌握立德树人途径与方法，能够在教育实践中实施素质教育，依据德智体美劳全面发展的教育方针开展教育教学。

1.1.3　师德准则

具有依法执教意识，遵守宪法、民法典、教育法、教师法、未成年人保护法等法律法规，在教育实践中能履行应尽义务，自觉维护幼儿与自身的合法权益。

理解教师职业道德规范内涵与要求，在教育实践中遵守《新时代幼儿园教师职业行为十项准则》，能分析解决教育教学实践中的相关道德规范问题。

1.2　涵养教育情怀

1.2.1　职业认同

具有家国情怀，乐于从教，热爱教育事业。认同教师工作的价值在于传播知识、传播思想、传播真理，塑造灵魂、塑造生命、塑造新人；了解幼儿教师的职业特征，理解教师是幼儿学习与发展的支持者、合作者、引导者，创造条件激发幼儿好奇心、求知欲，积极引领幼儿行为，帮助幼儿自主发展。

领会学前教育对幼儿发展的价值和意义，认同促进幼儿全面而有个性地发展的理念。

1.2.2　关爱幼儿

做幼儿健康成长的启蒙者和引路人，公正平等地对待每一名幼儿，关注幼儿成长，保护幼儿安全，促进幼儿身心健康发展。

尊重幼儿的人格和权利，保护幼儿游戏的自主性、独立性和选择性，关注个体差异，相信每名幼儿都有发展的潜力，乐于为幼儿创造发展的条件和机会。

1.2.3　用心从教

树立爱岗敬业精神，在教育实践中能够认真履行工作职责，积极钻研，富有爱心、责任心，工作细心、耐心。

1.2.4　自身修养

具有健全的人格和积极向上的精神，有较强的情绪调节与自控能力，能积极应变，比较合理地处理问题。

掌握一定的自然和人文社会科学知识，传承中华优秀传统文化，具有人文底蕴、科学精神和审美能力。

仪表整洁，语言规范健康，举止文明礼貌，符合教师礼仪要求和教育教学场景要求。

二、保育和教育实践能力

2.1　掌握专业知识与技能

2.1.1　保育教育基础

掌握科学照料幼儿日常生活的基本方法，了解幼儿日常卫生保健、传染病预防和意外伤害事故处理的相关知识，掌握面临特殊事件发生时保护幼儿的基本方法。

掌握教育理论的基本知识和3—6岁幼儿身心发展特点、规律，具备观察、分析与评价幼儿行为的能力。熟悉幼儿园教育的目标、任务、内容、要求和基本原则。

认识融合教育的意义和作用，了解有特殊需要幼儿的身心发展特点及教育策略，掌握随班就读的基本知识及相关政策，基本具备指导随班就读的教育教学能力。

2.1.2　领域素养

掌握幼儿健康、语言、社会、科学、艺术等领域教育的基本知识和方法，理解幼儿园各领域教育之间的联系，能在教育实践中综合运用各领域知识，实现各领域教育活动内容相互渗透。

2.1.3　信息素养

了解信息时代对人才培养的新要求，掌握一定的现代信息技术知识，具有安全、合法与负责任地使用信息与技术的意识。

2.2　开展环境创设

2.2.1　创设物质环境

能够创设安全、适宜、全面，有助于促进幼儿成长、学习、游戏的物质环境，合理利用资源，为幼儿提供和制作适合的玩教具和学习材料。

2.2.2　营造心理环境

理解教师的态度、情绪、言行在幼儿园及班级心理环境形成中的重要性。能够构建和谐的师幼关系，帮助幼儿建立良好的同伴关系，营造良好的班级氛围，让幼儿感受到安全、舒适。

2.3　组织一日生活

能够安排和组织幼儿园一日生活的主要环节，具有将教育渗透一日生活的意识，能够与保育员协同开展班级常规保育和卫生工作。

2.4　开展游戏活动

2.4.1　满足游戏需要

了解幼儿游戏的类型和主要功能，根据各年龄阶段幼儿的游戏特点，满足幼儿游戏的需要。

2.4.2　创设游戏环境

能够合理、有效地规划和利用户内外游戏活动空间，能够根据幼儿的发展和需要创设相应的活动区，提供丰富、适宜的游戏材料，引发和促进幼儿的游戏。

2.4.3　支持幼儿游戏

能够提供充足的游戏时间，鼓励幼儿自主选择游戏内容、伙伴和材料，支持幼儿主动地、创造性地开展游戏，充分体验游戏的快乐和满足。

学会观察分析幼儿的游戏，支持幼儿在游戏活动中获得身体、认知、语言和社会性等多方面的发展。

2.5 实施教育活动

2.5.1 设计教育活动方案

能够根据《幼儿园教育指导纲要（试行）》《3~6岁儿童学习与发展指南》的要求，以及幼儿的兴趣需要和年龄特点，选择教育内容，确定活动目标，设计教育活动方案。

2.5.2 组织教育活动

学会运用各种适宜的方式实施教育活动，鼓励幼儿在活动中主动探索、交流合作、积极表达，能够有效观察幼儿在活动中的表现，并根据幼儿的需要给予适宜的指导。

2.5.3 实施教育评价

了解幼儿园教育评价的目的与方法，运用观察、谈话、家园联系、作品分析等多种方法，了解和评价幼儿。能够基于幼儿身心特点，利用技术工具分析幼儿学习过程、收集幼儿学习反馈。

能够运用评价结果，分析、改进教育活动开展，促进幼儿发展。

三、综合育人能力

3.1 育德意识

树立幼儿为本、德育为先理念，了解幼儿社会性—情感发展的规律和个性特征，能有针对性地开展育人工作。

具有教书育人意识。理解活动育人的功能，能够在保教活动中有机融入社会主义核心价值观、中华优秀传统文化、革命文化和社会主义先进文化教育，为培养幼儿适应终身发展和社会发展所需的正确价值观、必备品格和关键能力奠定基础。

3.2 育人实践

掌握活动育人的方法和策略，基于幼儿的身心特点合理设计育人目标、活动主题与内容，能够抓住一日生活中的教育契机，开展随机教育，培养幼儿良好的生活习惯和亲社会行为。

3.3 班级管理

熟悉校园安全、应急管理相关规定，基本掌握班级空间规划、班级常规管理等工作要点。熟悉幼儿教育及幼儿成长生活等相关法律制度规定，能够合理分析解决幼儿教育与管理实践相关问题。

3.4 心理健康

关注幼儿心理健康，了解幼儿身体、情感发展的特性和差异性，掌握幼儿心理健康教育的基本知识，及时发现和赏识每个幼儿的点滴进步，注重激发和保护幼儿的积极性、自信心，能够参与心理健康教育等活动。

3.5 家园协同

掌握人际沟通的基本方法，能够运用信息技术拓宽家园沟通交流的渠道和途径，积极主动与家长进行有效交流。

掌握开展幼儿园、家庭和社区各种协同活动的方式方法，能够开展幼儿园与小学教育的衔接工作。

四、自主发展能力

4.1 注重专业成长

4.1.1 发展规划

了解教师专业发展的要求，具有终身学习与自主发展的意识。根据学前教育课程改革的动态和发展情况，制定教师职业生涯发展规划。

4.1.2 反思改进

具有反思意识和批判性思维素养，初步掌握教育教学反思的基本方法和策略，能够对教育教学实践活动进行有效的自我诊断，提出改进思路。

4.1.3 学会研究

初步掌握教育研究的基本方法，能用以分析、研究幼儿教育实践问题，并尝试提出解决问题的思路与方法，具有总结和提升实践经验的能力。

掌握专业发展所需的信息技术手段和方法，能在信息技术环境下开展自主学习。

4.2 主动交流合作

4.2.1 沟通技能

具有阅读理解能力、语言与文字表达能力、交流沟通能力、信息获取和处理能力。

掌握基本沟通合作技能与方法，能够在教育实践、社会实践中与同事、同行、专家等进行有效沟通交流。

4.2.2　共同学习

理解学习共同体的作用，掌握团队协作的基本策略，了解学前教育的团队协作类型和方法，具有小组互助、合作学习能力。

附录 A

学前教育专业教学实践行为守则

1.明确实践目的和任务，端正实践学习态度。服从幼儿园园长、幼儿园指导教师的安排，积极参与幼儿园的各项教育教学活动，完成幼儿园布置的各项任务。

2.尊重实践指导教师和实践园所的其他工作人员，虚心接受指导，学习幼儿园教师的保育、教育经验。

3.严格保证实践时间。遵守教学实践纪律，不迟到、不早退、不旷课，不得中途离开，不得提前结束实践；原则上不请假，如需请假必须经过带队教师、实践指导教师和园长的批准。

4.入园实践期间不做私事，不因私事接打电话，不会客、不闲聊、不随便离园，也不得将其他人员带入幼儿园。

5.言谈举止文明，服饰仪表符合教师身份。不化浓妆，不佩戴首饰，不留长指甲，不留披肩发，不穿高跟鞋。

6.关心爱护幼儿，尊重幼儿的想法和权利，公平对待每个幼儿，不得体罚和变相体罚幼儿。

7.爱护幼儿园教具、玩具及各种设备设施，取用物品需经园方同意，用后放回原处，如有损坏或遗失应按有关规定进行赔偿。

附录B

关于幼儿个案观察的说明

模块	名称	幼儿观察部分
模块一	幼儿园工作的初步观察	主要从幼儿生活活动的各方面对幼儿进行观察与记录
模块二	幼儿一日生活的初步组织	主要从幼儿的粗大动作、精细动作、情绪、行为规范、人际关系等方面进行观察与记录
模块三	幼儿园各类教育活动的设计与试教	主要从幼儿的生活习惯、自我保健、前阅读能力、前书写能力及户外活动情况等方面进行观察与记录
模块四	幼儿园班级管理与家园共育	主要从幼儿的探究能力、艺术方面、情绪管理、自我意识发展等方面进行观察与记录
模块五	幼儿园教研工作	主要从幼儿的独立性、观察能力、艺术表现能力、自理能力及社会适应性等方面进行观察与记录

　　幼儿个案观察的设计是想通过学生的每一次入园实践，实现对固定幼儿逐渐深入地观察与记录。每次的观察侧重点是根据学生所处年级、专业核心课设置情况、对学前教育的了解程度等内容进行综合考量而设计的。另外，幼儿个案观察部分的设计是对学生入园实践学习途径的一个有益补充，它与对应的模块及任务有一定联系，但并不是一一对应的。请各位教师和学生在使用过程中注意以上内容。